Angel's Garden

エンジェルズ・ガーデン
ビーズの魔法で アクセサリーからバッグまで
Neo Venetian Style

Mariko Seto
瀬戸まり子

日本ヴォーグ社

Angel's Garden
エンジェルズ・ガーデン
ビーズの魔法で アクセサリーからバッグまで
Neo Venetian Style

Contents

Venetian

ベネチアン・ビーズ・アミュレット
Venetian beads amulet ———— page 4

ベネチアの宴(うたげ)
Venetian party ———— page 10

ベネチアン・ブルーローズ&ピンクローズ
Venetian blue rose & pink rose ———— page 14

ビザンチン風レースブローチ
Byzantine lace brooch ———— page 18

蒼ざめた天使
blue angel ———— page 19

ベネチアの扇
Venetian fan ———— page 22

ベネチアの白バラ
Venetian white rose ———— page 24

essay I ベネチアン・テイスト／私のモットー ———— page 26

ベネチアの天使たち
Venetian angels ———— page 27

ベネチアン・ゴールド・バッグ
Venetian gold bag ———— page 30

Baroque

バロックパンジーのオーナメント
Baroque pansy ———— page 32

クリスタルエンジェル&ホワイトエンジェルのファンブローチ
crystal angel & white angel ———— page 36

ゴージャスレースのニードルボックス
needle box with gorgeous lace ———— page 38

ロココスタイルのミニローズポシェット
mini rose pochette ———— page 40

プチピンクッション&メジャーケース
petit pincushions & measure cases ———— page 42

essay II 大好きな天使／扇のこと ———— page 45

◎ビーズを購入する際の目安
トーホービーズの1パック（糸通し1m）の入り数
丸小ビーズ…約680粒
特小ビーズ…約960粒
スリーカットビーズ（丸小）…約680粒
アンティークビーズ…約780粒
六角ビーズ…約520粒

Classic

ティーカップのピンクッション
tea cup pincushions —————— page 46

ヴィクトリアン・スクエアボックス
Victorian sewing box —————— page 48

クラシカルシューズのピンクッション
classical shoes —————— page 50

シルバーエンジェルのニードルセット
silver angels —————— page 54

Modern

ベネチアの夕やみ
Venetian evening —————— page 58

天使のジュエリーケース
Angel's jewel case —————— page 60

天使のチョーカー
Angel's choker —————— page 61

ベネチアの小バラ
Venetian mini rose —————— page 64

ベネチアの週末
weekend in Venice —————— page 65

ベネチアの休日
holiday in Venice —————— page 68

essay Ⅲ 大切にしているニードルワーク用具 —————— page 74

Gallery —————— page 75

epilogue あとがき —————— page 79

stuff

撮影／斉藤 亢　中村俊二
スタイリスト／瀬戸まり子
ブックデザイン／寺山文恵
作り方イラスト／八戸さとこ
編集協力／川和典子
編集／森岡圭介（GAKUYOSHA）　梅木貴子

Venetian

イタリア、水の都ベネチア。きらびやかな装飾と大胆な色の組み合わせ。
ベネチアンビーズやベネチアングラスの持つ深く美しい色の重なりを表現しました。

ゴブランテープ提供：MOKUBA

ベネチアン・ビーズ・アミュレット
Venetian beads amulet

5

Venetian

ベネチアン・ビーズ・アミュレット
Venetian beads amulet

その昔、魔よけに使用していたというアミュレット。
今ならミニ香水ビンや
チケットなどを入れてはいかが？
ゴブランテープとビーズの色の
コンビネーションを楽しみましょう。

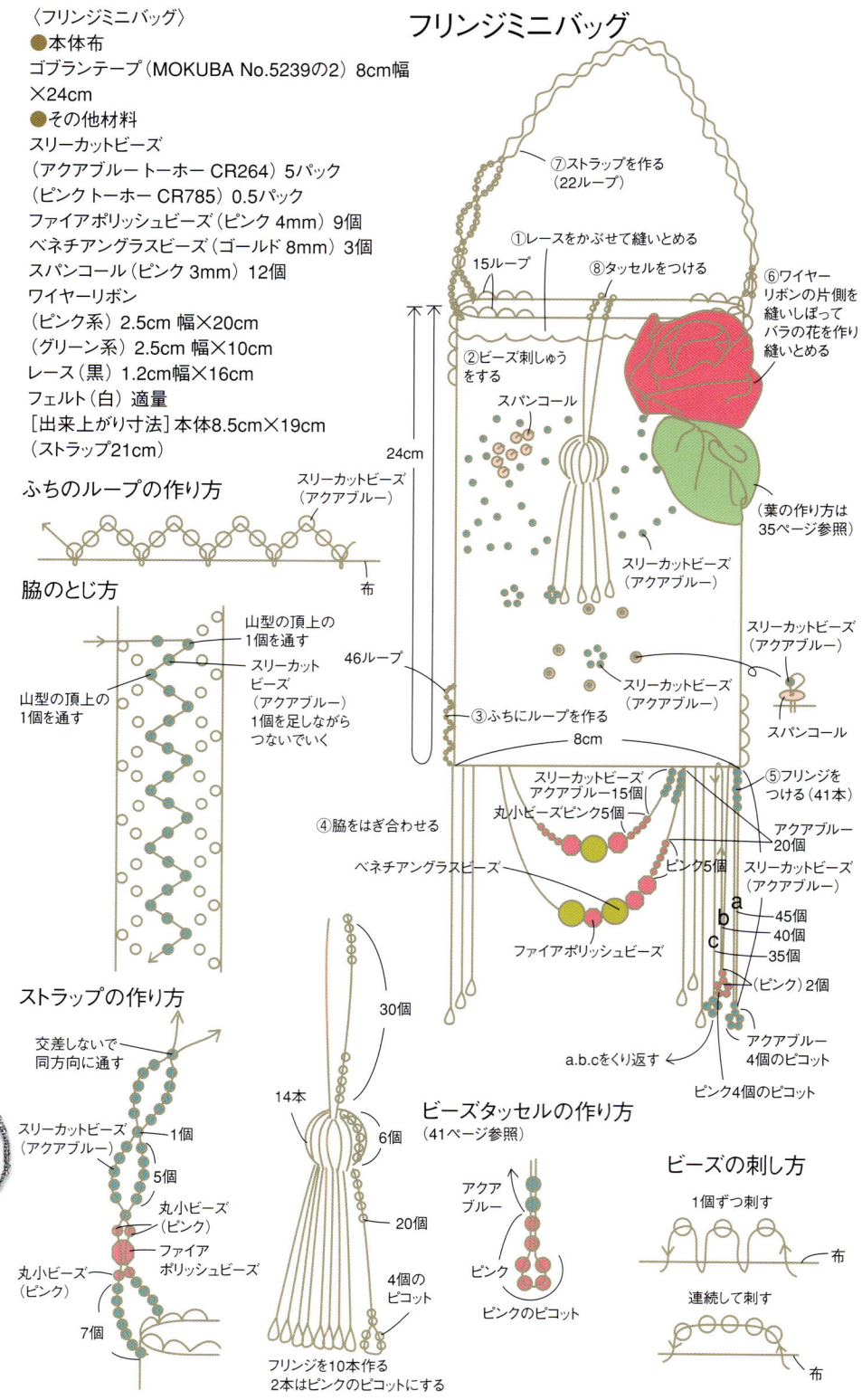

ピンクのアミュレット

ブルーグリーンのアミュレット

〈フリンジミニバッグ〉
● 本体布
ゴブランテープ（MOKUBA No.5239の2）8cm幅×24cm
● その他材料
スリーカットビーズ
（アクアブルー トーホー CR264）5パック
（ピンク トーホー CR785）0.5パック
ファイアポリッシュビーズ（ピンク 4mm）9個
ベネチアングラスビーズ（ゴールド 8mm）3個
スパンコール（ピンク 3mm）12個
ワイヤーリボン
（ピンク系）2.5cm 幅×20cm
（グリーン系）2.5cm 幅×10cm
レース（黒）1.2cm幅×16cm
フェルト（白）適量
［出来上がり寸法］本体8.5cm×19cm
（ストラップ21cm）

フリンジミニバッグ

ふちのループの作り方
スリーカットビーズ（アクアブルー）
布

脇のとじ方
山型の頂上の1個を通す
スリーカットビーズ（アクアブルー）1個を足しながらつないでいく
山型の頂上の1個を通す

ストラップの作り方
交差しないで同方向に通す
スリーカットビーズ（アクアブルー）1個
5個
丸小ビーズ（ピンク）
ファイアポリッシュビーズ
丸小ビーズ（ピンク）
7個

ビーズタッセルの作り方
（41ページ参照）
30個
14本
6個
20個
4個のピコット
フリンジを10本作る
2本はピンクのピコットにする
アクアブルー
ピンク
ピンクのピコット

⑦ストラップを作る（22ループ）
①レースをかぶせて縫いとめる
15ループ
⑧タッセルをつける
⑥ワイヤーリボンの片側を縫いしぼってバラの花を作り縫いとめる
（葉の作り方は35ページ参照）
②ビーズ刺しゅうをする
スパンコール
24cm
スリーカットビーズ（アクアブルー）
46ループ
スリーカットビーズ（アクアブルー）
スリーカットビーズ（アクアブルー）
スパンコール
③ふちにループを作る
8cm
④脇をはぎ合わせる
スリーカットビーズ アクアブルー15個
丸小ビーズピンク5個
ベネチアングラスビーズ
ピンク5個
ファイアポリッシュビーズ
⑤フリンジをつける（41本）
アクアブルー 20個
スリーカットビーズ（アクアブルー）
a 45個
b 40個
c 35個
（ピンク）2個
a.b.cをくり返す
アクアブルー 4個のピコット
ピンク4個のピコット

ビーズの刺し方
1個ずつ刺す
布
連続して刺す
布

6 Angel's Garden

〈ピンクのアミュレット〉
● 本体布
ゴブランテープ（MOKUBA No.5242の2）4cm幅
×18cm
● その他材料
スリーカットビーズ
（薄ピンクトーホー CR785）3.5パック
（濃ピンクトーホー CR356）0.5パック
特小ビーズ（黒トーホー 49）81個
ファイアポリッシュビーズ（紫 4mm）25個
ベネチアングラスビーズ（黒 8mm）5個
花型メタルパーツ（ゴールド 5mm）5個
レース（黒）1.2cm幅×10cm
エンジェルのメタルパーツ 1個
スナップ 1組
[出来上がり寸法]本体4.5cm×15cm

〈ブルーグリーンのアミュレット〉
● 本体布
ゴブランテープ（MOKUBA No.5242の3）4cm幅
×18cm
● その他材料
スリーカットビーズ（ブルーグリーン トーホー CR953）
3.5パック
特小ビーズ（ゴールドトーホー 221）0.5パック
スワロフスキービーズ（トパーズ 丸形 4mm）25個
ベネチアングラスビーズ（ブルー 8mm）5個
花型メタルパーツ（ゴールド 5mm）5個
レース（黒）1.2cm幅×10cm
エンジェルのメタルパーツ 1個
スナップ 1組
[出来上がり寸法]本体4.5cm×15cm

ブルーグリーンのアミュレット

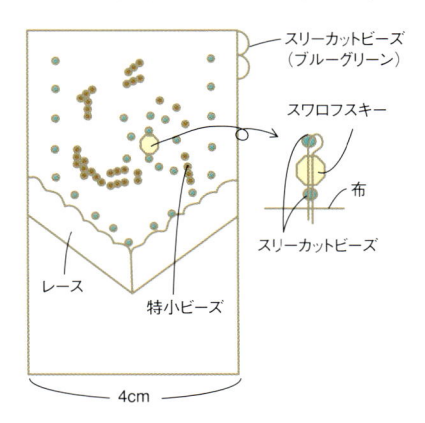

ピンクのアミュレット

※アミュレットのストラップは70～75cmの好みの長さにビーズを通す

レザーデージーステッチ

フリンジ（ピンク）

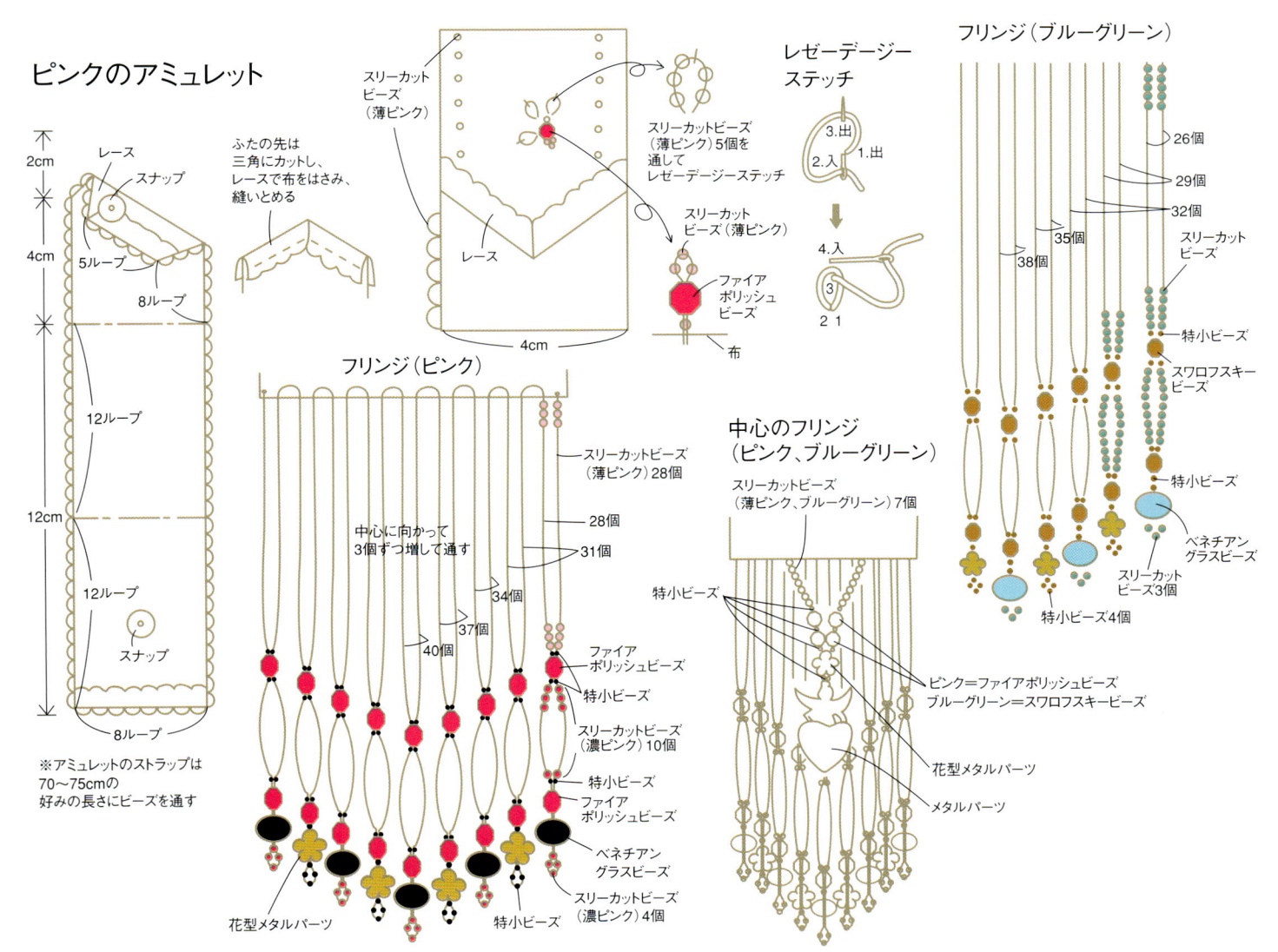

中心のフリンジ（ピンク、ブルーグリーン）

フリンジ（ブルーグリーン）

ピンク＝ファイアポリッシュビーズ
ブルーグリーン＝スワロフスキービーズ

Venetian
ベネチアン・ビーズ・アミュレット
Venetian beads amulet

〈トルコブルーのアミュレット〉
- 本体布
  ゴブランテープ（MOKUBA No.5241の4）4cm幅×14cm
- その他材料
  スリーカットビーズ
  （ブルー トーホー CR167BD）3.5パック
  （トルコブルー トーホー CR55）0.5パック
  （紫 トーホー CR85）0.5パック
  特小ビーズ（ゴールド トーホー 221）86個
  ファイアポリッシュビーズ（薄トパーズ 3mm）15個
  ベネチアングラスビーズ（トパーズ 8mm）5個
  花型メタルパーツ（ゴールド 5mm）5個
  レース（白）1.2cm幅×10cm
  バラのメタルパーツ（ゴールド）1個
  エンジェルのメタルパーツ 1個
  [出来上がり寸法] 本体 4.5cm×16cm

トルコブルーのアミュレット

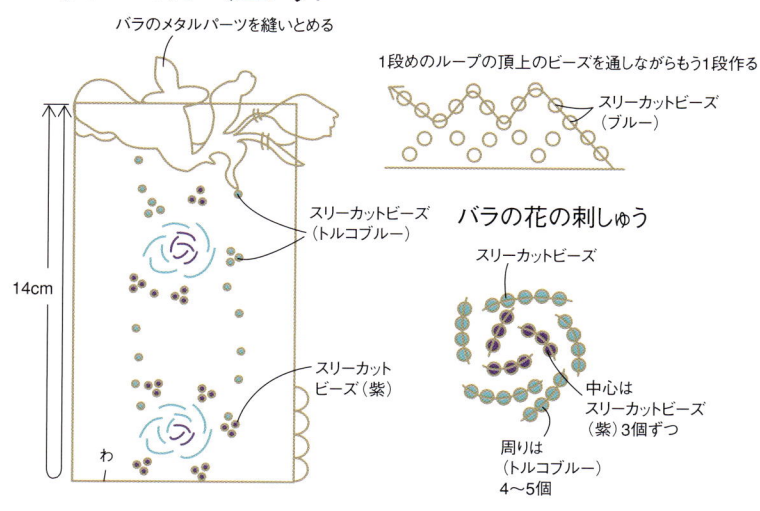

バラのメタルパーツを縫いとめる

1段めのループの頂上のビーズを通しながらもう1段作る
スリーカットビーズ（ブルー）

14cm

スリーカットビーズ（トルコブルー）

スリーカットビーズ（紫）

わ

バラの花の刺しゅう
スリーカットビーズ
中心はスリーカットビーズ（紫）3個ずつ
周りは（トルコブルー）4〜5個

黒のアミュレット

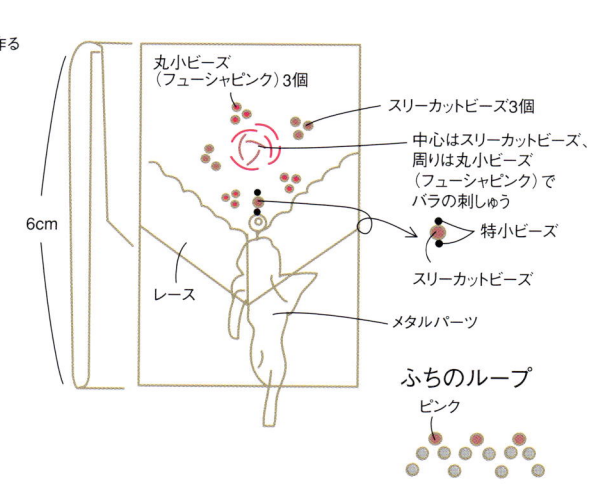

丸小ビーズ（フューシャピンク）3個

スリーカットビーズ3個

中心はスリーカットビーズ、周りは丸小ビーズ（フューシャピンク）でバラの刺しゅう

特小ビーズ

スリーカットビーズ

6cm

レース

メタルパーツ

ふちのループ
ピンク

フリンジ（トルコブルー）

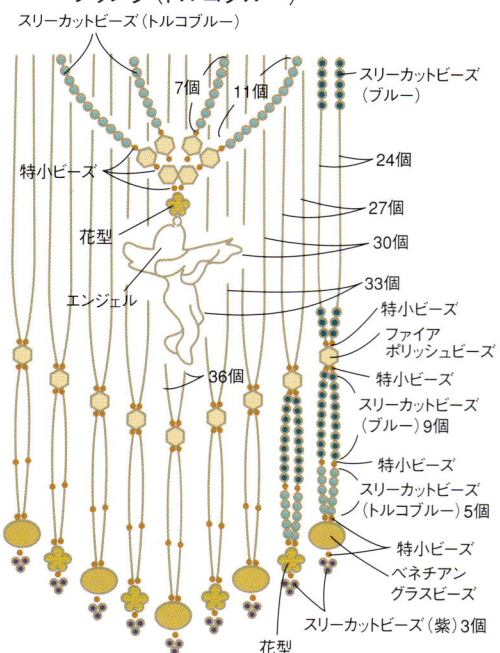

スリーカットビーズ（トルコブルー）
7個　11個

スリーカットビーズ（ブルー）

特小ビーズ
花型
エンジェル

24個
27個
30個
33個
36個

特小ビーズ
ファイアポリッシュビーズ
特小ビーズ
スリーカットビーズ（ブルー）9個
特小ビーズ
スリーカットビーズ（トルコブルー）5個
特小ビーズ
ベネチアングラスビーズ
スリーカットビーズ（紫）3個
花型

フリンジ（黒）

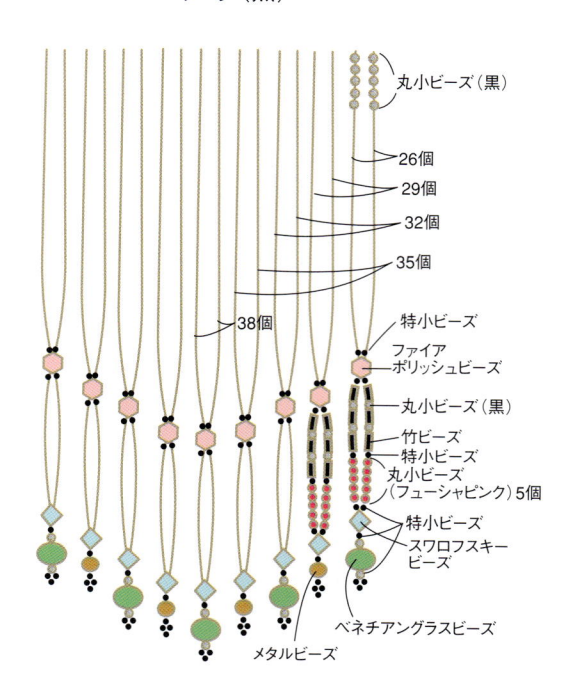

丸小ビーズ（黒）

26個
29個
32個
35個
38個

特小ビーズ
ファイアポリッシュビーズ
丸小ビーズ（黒）
竹ビーズ
特小ビーズ
丸小ビーズ（フューシャピンク）5個
特小ビーズ
スワロフスキービーズ
ベネチアングラスビーズ
メタルビーズ

Angel's Garden

〈黒のアミュレット〉
● 本体布
ゴブランテープ（MOKUBA No.5241の3）4cm幅
×17.5cm
● その他材料
丸小ビーズ（黒 トーホー 49）3.5パック
　　　　　（フューシャピンク）130個
スリーカットビーズ
（メタリックピンク トーホー CR563）0.5パック
特小ビーズ（黒 トーホー 49）80個
一分竹ビーズ（黒 トーホー 49）54個
ファイアポリッシュビーズ（薄ピンク 3mm）10個
スワロフスキービーズ（グリーン ソロバン型 4mm）
10個
ベネチアングラスビーズ（グリーン 8mm）5個
天然石サザレ（グリーン）3個
レース（黒）3cm幅×10cm
エンジェルのメタルパーツ 2個
メタルビーズ（4mm）5個
ビーズ型メタルパーツ（3mm）1個
[出来上がり寸法] 本体4.5cm×16cm

〈ベージュのアミュレット〉
● 本体布
ゴブランテープ（MOKUBA No.5241の6）4cm幅
×17.5cm
● その他材料
丸小ビーズ
（ベージュ系玉虫色 トーホー 83）3.5パック
（ターコイズグリーン トーホー 561F）11個
特小ビーズ（ゴールド トーホー 221）52個
スリーカットビーズ（オレンジ トーホー 50）0.5パック

スワロフスキービーズ
（トパーズ ソロバン型 3mm）13個
（トパーズ 丸型 4mm）1個
グラスビーズ（トパーズ 4mm）13個
ベネチアングラスビーズ（ゴールド 8mm）1個
レース（白）3cm幅×10cm
エンジェルのメタルパーツ 2個
ビーズ型メタルパーツ（3mm）1個
スナップ 1組
[出来上がり寸法] 本体4.5cm×16cm

中心のフリンジ
1段め
下端にループを作る
スリーカットビーズ
丸小ビーズ（黒）
5個
5個
6個
6個
3個
特小ビーズ
ビーズ型メタルパーツ
ファイアポリッシュビーズ
スワロフスキービーズ
メタルパーツ

2段め
1段めのループ
スリーカットビーズ
5個
5個
6個
1個
天然石サザレ
4個

3段め
丸小ビーズ（黒）6個
丸小ビーズ（フューシャピンク）3個
スリーカットビーズ
特小ビーズ
メタルビーズ

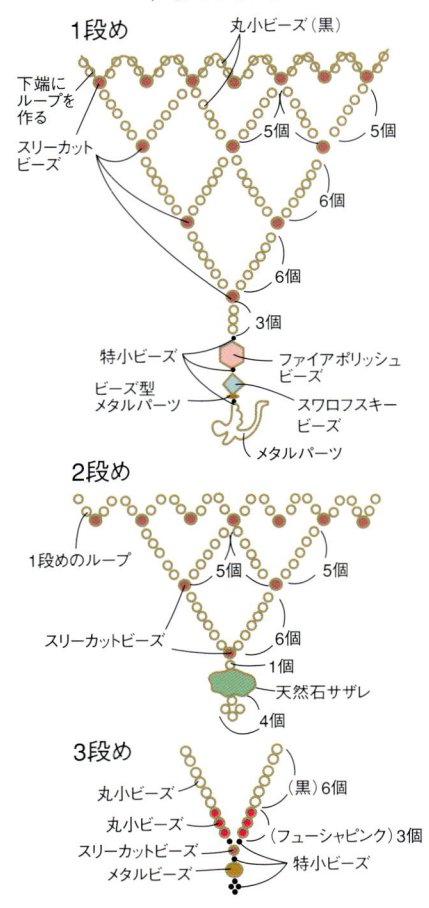

ベージュのアミュレット
6cm
玉虫色
丸小ビーズ
ターコイズグリーン
パーツ
レース

ふちのループ
オレンジ

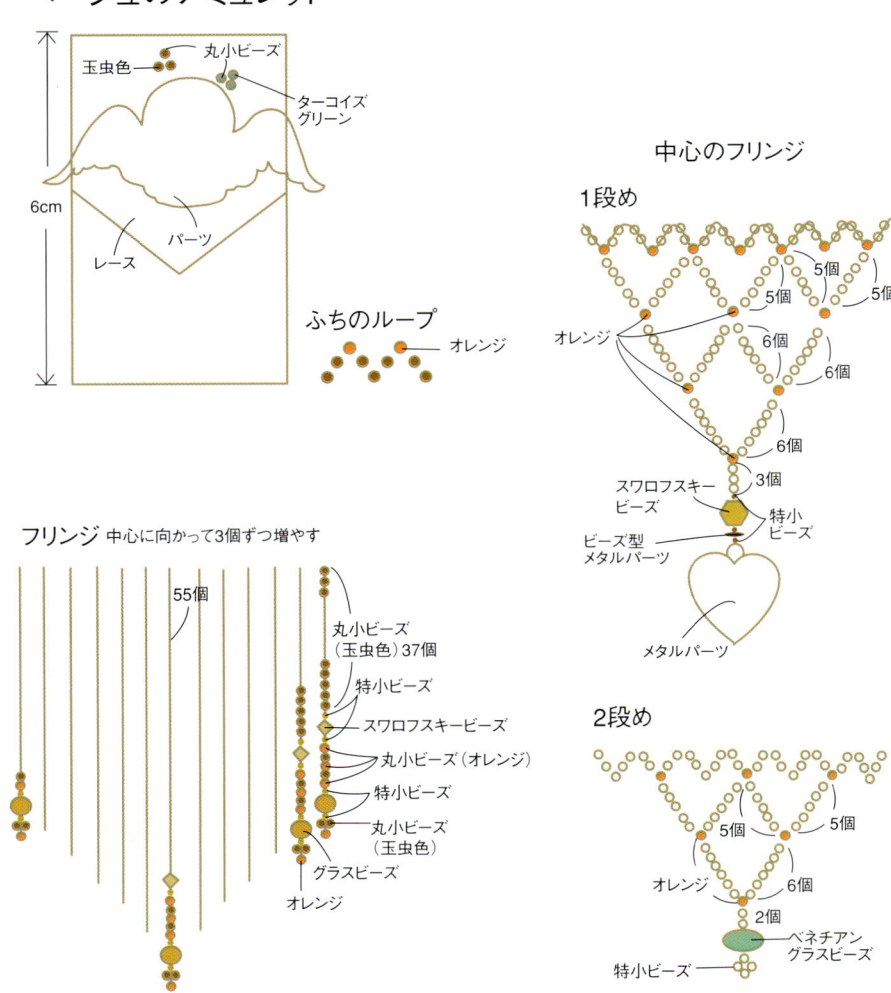

フリンジ 中心に向かって3個ずつ増やす
55個
丸小ビーズ（玉虫色）37個
特小ビーズ
スワロフスキービーズ
丸小ビーズ（オレンジ）
特小ビーズ
丸小ビーズ（玉虫色）
グラスビーズ
オレンジ

中心のフリンジ
1段め
5個
5個
オレンジ
6個
6個
3個
スワロフスキービーズ
特小ビーズ
ビーズ型メタルパーツ
メタルパーツ

2段め
5個
5個
オレンジ
6個
2個
ベネチアングラスビーズ
特小ビーズ

べネチアの宴
Venetian party

10 *Angel's Garden*

11

Venetian
ベネチアの宴
Venetian party

豪華でシックなチョーカーとバッグは、
ヴィヴィッドなフェザーを留めつけて
ベネチアンな雰囲気に。
さっそくパーティーへ繰り出しましょう。

ブルーのチョーカー

モチーフの作り方
フェルトにレースを重ねて
スパンコール、
ビーズを刺しゅう

レース
好きな形にカット

フェルト
レースに合わせてカット

スパンコールの連続刺し

スパンコールの先に
ビーズのループを作る

6個　濃グレー
先に4個のループ

ブルー　所々にスパンコールを通したループを作る

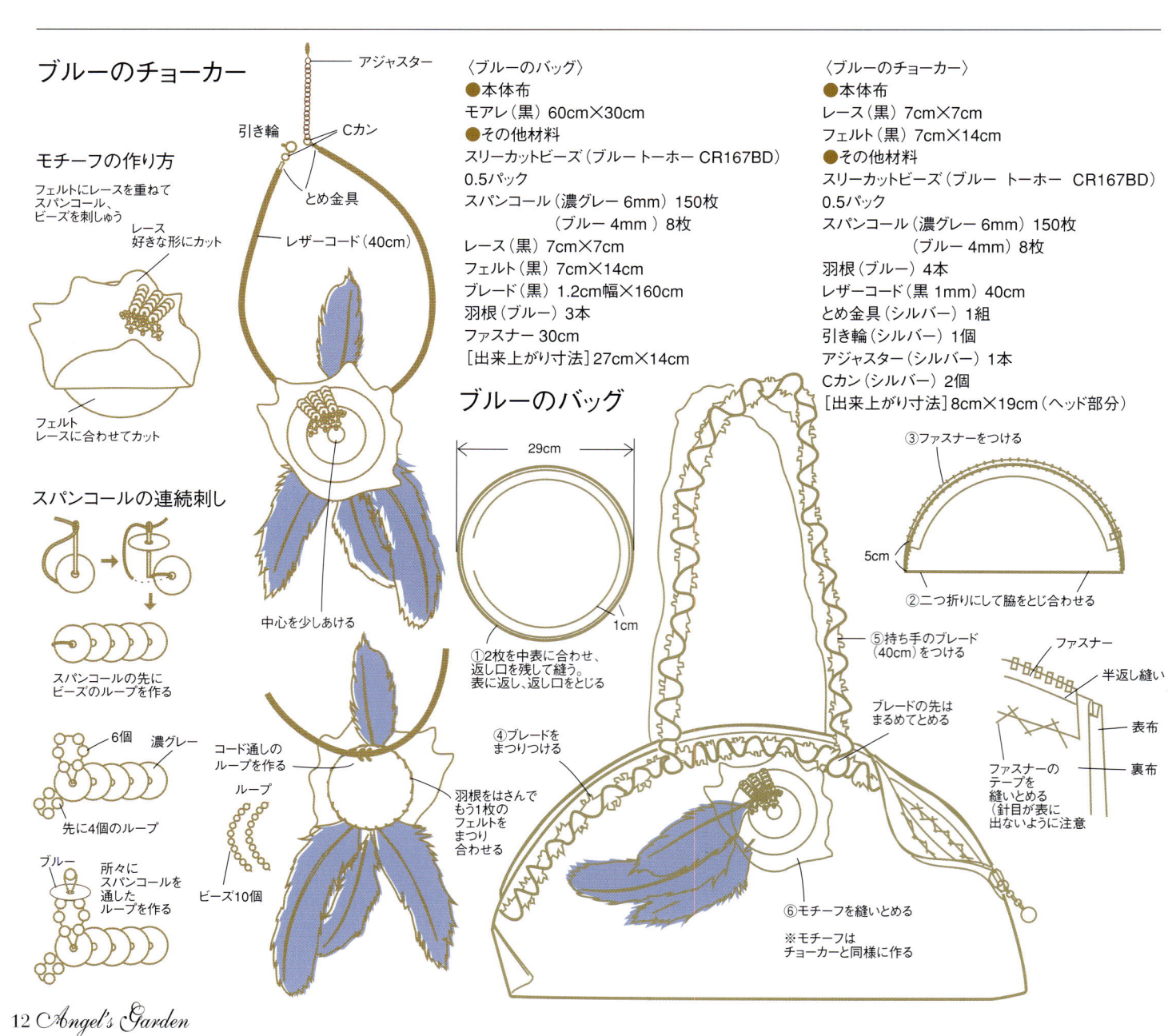

アジャスター
引き輪
Cカン
とめ金具
レザーコード(40cm)

中心を少しあける

コード通しの
ループを作る
ループ
ビーズ10個

〈ブルーのバッグ〉
● 本体布
モアレ（黒）60cm×30cm
● その他材料
スリーカットビーズ（ブルー　トーホー　CR167BD）
0.5パック
スパンコール（濃グレー 6mm）150枚
　　　　　　（ブルー 4mm）8枚
レース（黒）7cm×7cm
フェルト（黒）7cm×14cm
ブレード（黒）1.2cm幅×160cm
羽根（ブルー）3本
ファスナー 30cm
[出来上がり寸法] 27cm×14cm

ブルーのバッグ

29cm
1cm

①2枚を中表に合わせ、
返し口を残して縫う。
表に返し、返し口をとじる

④ブレードを
まつりつける

羽根をはさんで
もう1枚の
フェルトをまつり
合わせる

⑤持ち手のブレード
（40cm）をつける

ブレードの先は
まるめてとめる

⑥モチーフを縫いとめる

※モチーフは
チョーカーと同様に作る

〈ブルーのチョーカー〉
● 本体布
レース（黒）7cm×7cm
フェルト（黒）7cm×14cm
● その他材料
スリーカットビーズ（ブルー　トーホー　CR167BD）
0.5パック
スパンコール（濃グレー 6mm）150枚
　　　　　　（ブルー 4mm）8枚
羽根（ブルー）4本
レザーコード（黒 1mm）40cm
とめ金具（シルバー）1組
引き輪（シルバー）1個
アジャスター（シルバー）1本
Cカン（シルバー）2個
[出来上がり寸法] 8cm×19cm（ヘッド部分）

③ファスナーをつける
5cm
②二つ折りにして脇をとじ合わせる

ファスナー
半返し縫い
表布
裏布
ファスナーの
テープを
縫いとめる
（針目が表に
出ないように注意）

12 Angel's Garden

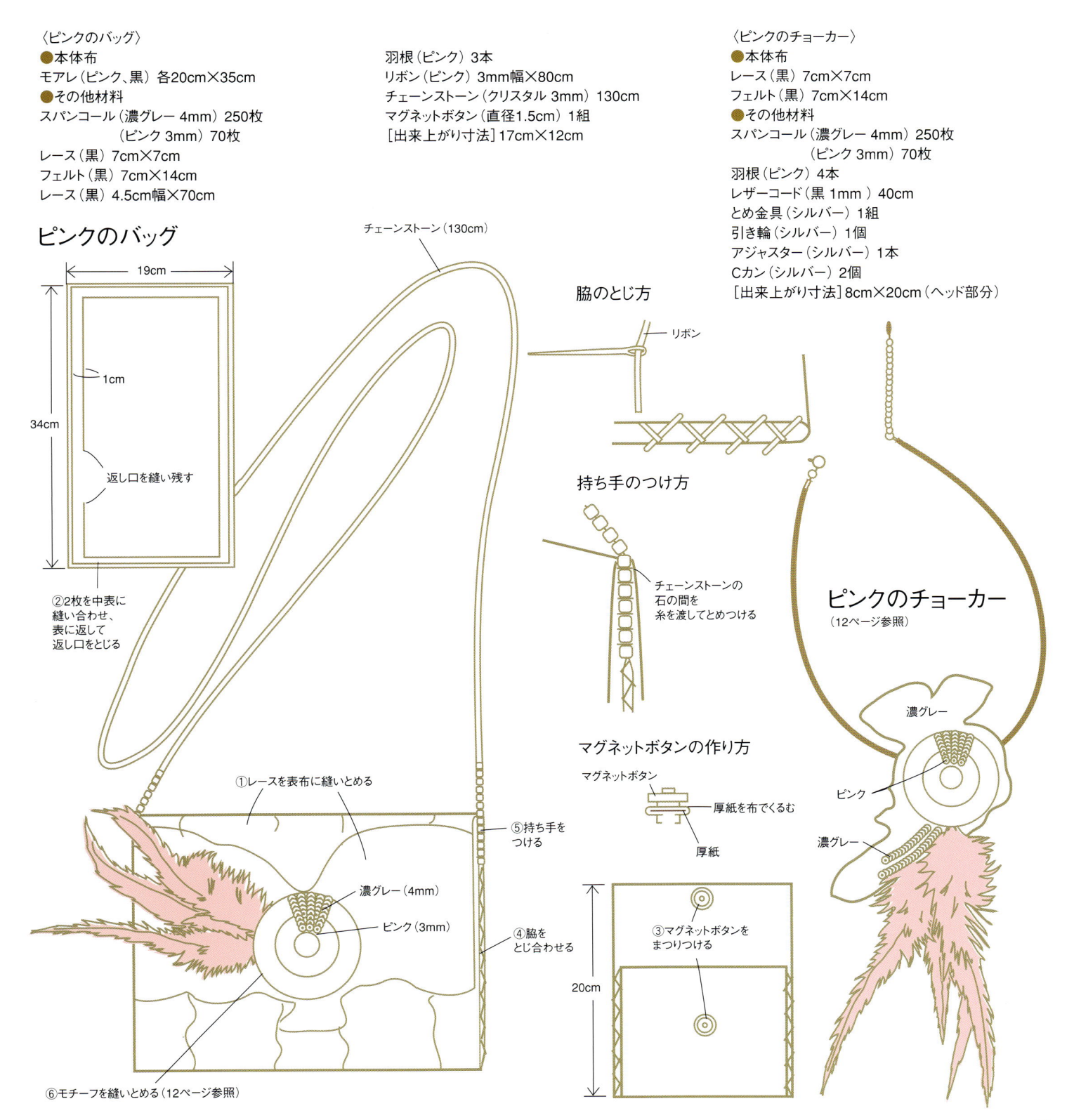

〈ピンクのバッグ〉
●本体布
モアレ（ピンク、黒）各20cm×35cm
●その他材料
スパンコール（濃グレー 4mm）250枚
　　　　　　（ピンク 3mm）70枚
レース（黒）7cm×7cm
フェルト（黒）7cm×14cm
レース（黒）4.5cm幅×70cm
羽根（ピンク）3本
リボン（ピンク）3mm幅×80cm
チェーンストーン（クリスタル 3mm）130cm
マグネットボタン（直径1.5cm）1組
［出来上がり寸法］17cm×12cm

〈ピンクのチョーカー〉
●本体布
レース（黒）7cm×7cm
フェルト（黒）7cm×14cm
●その他材料
スパンコール（濃グレー 4mm）250枚
　　　　　　（ピンク 3mm）70枚
羽根（ピンク）4本
レザーコード（黒 1mm）40cm
とめ金具（シルバー）1組
引き輪（シルバー）1個
アジャスター（シルバー）1本
Cカン（シルバー）2個
［出来上がり寸法］8cm×20cm（ヘッド部分）

ピンクのバッグ

- 19cm
- 1cm
- 34cm
- 返し口を縫い残す
- ②2枚を中表に縫い合わせ、表に返して返し口をとじる

チェーンストーン（130cm）

脇のとじ方
- リボン

持ち手のつけ方
- チェーンストーンの石の間を糸を渡してとめつける

マグネットボタンの作り方
- マグネットボタン
- 厚紙を布でくるむ
- 厚紙
- ③マグネットボタンをまつりつける
- 20cm

①レースを表布に縫いとめる
⑤持ち手をつける
濃グレー（4mm）
ピンク（3mm）
④脇をとじ合わせる
⑥モチーフを縫いとめる（12ページ参照）

ピンクのチョーカー
（12ページ参照）

- 濃グレー
- ピンク
- 濃グレー

14 *Angel's Garden*

ベネチアン・ブルーローズ＆ピンクローズ
Venetian blue rose & pink rose

Venetian

ベネチアン・ブルーローズ &ピンクローズ
Venetian blue rose & pink rose

ゴブランの布地の上に同系色のビーズで刺しゅうし、アンティークな雰囲気を演出しています。四角いピンクッション、三角形のシザーケース、メジャーケースは本体の形に合わせてくるみます。

〈ブルーのピンクッション〉
●本体布
ゴブラン（ブルー系）12cm×12cm
モアレ（薄紫）12cm×12cm
●その他材料
スリーカットビーズ
（濃ブルートーホー CR932）1.5パック
（ブルートーホー CR167BD）1パック
（薄ブルートーホー CR953）1パック
（グリーントーホー CR167）0.5パック
丸小ビーズ（白トーホー 41）19個
六角大ビーズ（シルバートーホー 21）23個
化繊綿、25番刺しゅう糸 各適量
[出来上がり寸法]11cm×11cm

〈ブルーのシザーケース〉
●本体布
ゴブラン（ブルー系）10cm×40cm
モアレ（薄紫）10cm×40cm
●その他材料
スリーカットビーズ
（濃ブルートーホー CR932）1パック
（ブルートーホー CR167BD）0.5パック
（薄ブルートーホー CR953）0.5パック
（グリーントーホー CR167）70個
丸小ビーズ（白トーホー 41）20個
六角大ビーズ（シルバートーホー 21）22個
25番刺しゅう糸 適量
スナップ 1組
[出来上がり寸法]14cm×8.5cm

〈ブルーのピンケース〉
●本体布
ゴブラン（ブルー系）10cm×20cm
モアレ（薄紫）10cm×20cm
●その他材料
スリーカットビーズ
（濃ブルートーホー CR932）1パック
（ブルートーホー CR167BD）0.5パック
（薄ブルートーホー CR953）0.5パック
（グリーントーホー CR167）0.5パック
丸小ビーズ（白トーホー 41）7個

ブルーのピンクッション

①ビーズ刺しゅうをし、2枚を中表に縫い合わせ、表に返し、綿を詰めて返し口をとじる
②フリンジをつける

ゴブラン
モアレ
9cm × 9cm

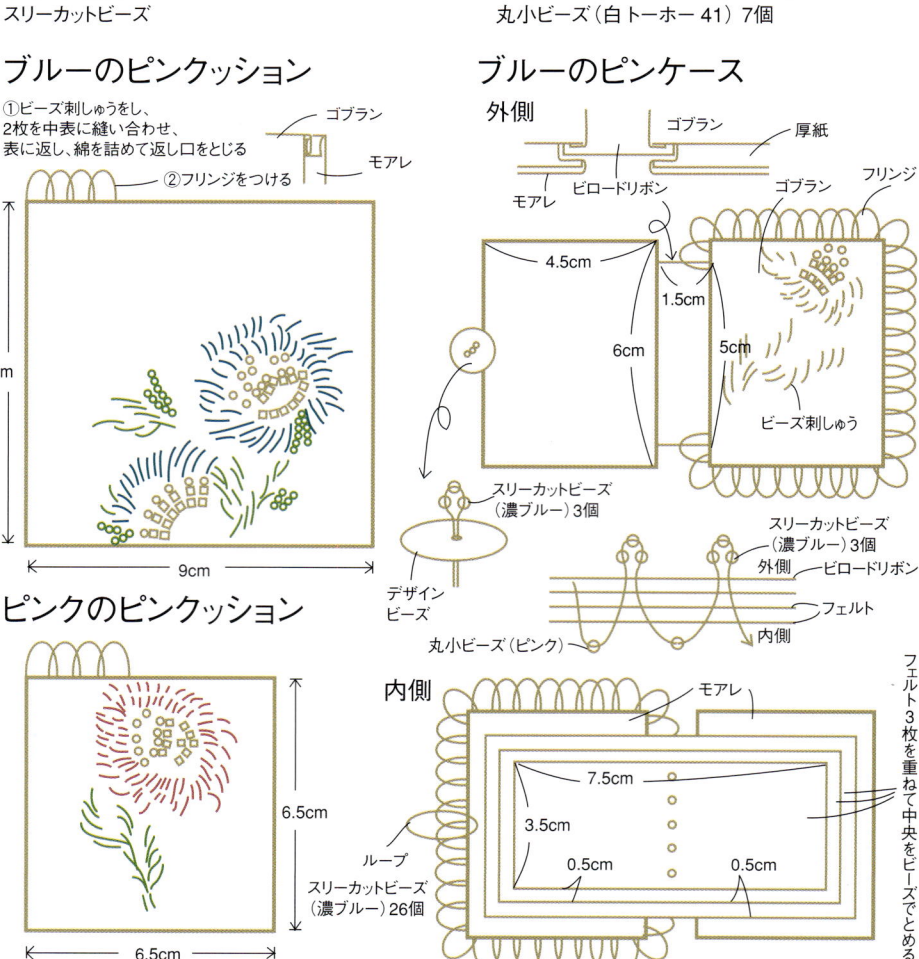

ピンクのピンクッション

6.5cm × 6.5cm
スリーカットビーズ（濃ブルー）26個

ブルーのピンケース

外側
ゴブラン
厚紙
モアレ
ビロードリボン
ゴブラン
フリンジ
4.5cm
1.5cm
6cm
5cm
ビーズ刺しゅう
デザインビーズ
スリーカットビーズ（濃ブルー）3個
スリーカットビーズ（濃ブルー）3個
外側
ビロードリボン
フェルト
内側
丸小ビーズ（ピンク）

内側
モアレ
7.5cm
3.5cm
0.5cm
0.5cm
ループ
スリーカットビーズ（濃ブルー）
フェルト3枚を重ねて中央をビーズでとめる

16 Angel's Garden

丸小ビーズ（ピンクトーホー CR785）5個
六角大ビーズ（シルバートーホー 21）8個
デザインビーズ（14mm）1個
フェルト（薄ピンク）10cm×15cm
ビロードリボン（紫）4.7cm×3cm
厚紙、25番刺しゅう糸 各適量
[出来上がり寸法]6cm×8.5cm×2cm

〈ピンクのピンクッション〉
●本体布
ゴブラン（ピンク系）10cm×10cm
モアレ（薄紫）10cm×10cm
●その他材料
スリーカットビーズ
（濃紫 トーホー CR6C）1.5パック
（紫トーホー CR356）1パック
（ピンクトーホー CR785）0.5パック
（グリーン トーホー CR167）0.5パック
丸小ビーズ（白トーホー 41）19個

フリンジの作り方

六角大ビーズ（シルバートーホー 21）23個
化繊綿、25番刺しゅう糸 各適量
[出来上がり寸法]8cm×8cm

〈ピンクのシザーケース〉
●本体布
ゴブラン（ピンク系）10cm×35cm
モアレ（薄紫）10cm×35cm
●その他材料
スリーカットビーズ
（濃紫 トーホー CR6C）0.5パック
（紫トーホー CR356）0.5パック
（ピンクトーホー CR785）0.5パック
（グリーン トーホー CR167）50個
丸小ビーズ（白トーホー41）11個
六角大ビーズ（シルバートーホー21）9個
25番刺しゅう糸 適量
スナップ 1組
[出来上がり寸法]12cm×7.5cm

〈ピンクのメジャーケース〉
●本体布
ゴブラン（ピンク系）10cm×10cm
モアレ（薄紫）15cm×15cm
●その他材料
スリーカットビーズ
（濃紫トーホー CR6C）1パック
（紫 トーホー CR356）0.5パック
（ピンクトーホー CR785）0.5パック
（グリーン トーホー CR167）40個
丸小ビーズ（白トーホー41）9個
六角大ビーズ（シルバートーホー21）12個
メジャー（直径5cm）1個
キルト綿、厚紙、25番刺しゅう糸 各適量
[出来上がり寸法]直径7cm×2cm

ビーズ刺しゅうの刺し方

ピンクのメジャーケース（作り方は44ページ参照）
本体の型紙（200％拡大）

シザーケース
柄に合わせて刺しゅうする
糸はこげ茶を使用

実物大型紙

ビザンチン風レースブローチ
Byzantine lace brooch

蒼ざめた天使
blue angel

Venetian

ビザンチン風レースブローチ
Byzantine lace brooch

レースを使用した天使の羽根の形が素敵な
おしゃれなブローチです。
ビザンチンアートを彷彿とさせる輝きが
雰囲気を盛り上げています。

〈ピンクのブローチ〉
●本体布
フェルト（ピンク） 10cm×10cm
●その他材料
レース（白）2枚
シードビーズ（クリスタル トーホーアンティークビーズA161）0.5パック
丸小ビーズ（ピンクトーホー 127）60個
ファイアポリッシュビーズ（ピンク 4mm）14個
　　　　　　　　　　　（紫 4mm）4個
カットビーズ（クリスタル、薄紫 ソロバン型 4mm）各4個
グラスビーズ（紫 6mm）3個
ラウンドビーズ（ピンク 6mm）1個
ベネチアングラスビーズ（10mm×12mm）1個
スパンコール（ピンク 6mm）21枚
　　　　　　（ゴールド 6mm）4枚
ラインストーン（クリスタル 3mm）1個
メタルビーズ（ゴールド バラ型 5mm）2個
デザインビーズ（紫 花型 12mm）2個
バラのアルミパーツ（紫 13mm）1個
ポーセリン（陶器製）パーツ（1.8cm×2cm）1個
金細工のパーツ（2cm×1.5cm）1個
エンジェルのメタルパーツ（ゴールド）1個
ブローチピン（ゴールド）1個
[出来上がり寸法] 8cm×10cm

〈ブルーのブローチ〉
●本体布
フェルト（グリーン） 10cm×10cm
●その他材料
レース（白）2枚
シードビーズ（グリーン トーホーアンティークビーズA775）0.5パック
丸小ビーズ（シルバー トーホー 21）60個
ファイアポリッシュビーズ（ブルー 4mm）18個
カットビーズ（グリーン ソロバン型 4mm）5個
グラスビーズ（グリーン 6mm）3個
ラウンドビーズ（グリーン 6mm）1個
ベネチアングラスビーズ（10mm×12mm）1個
スパンコール（ブルー 6mm）25枚
ラインストーン（クリスタル 3mm）1個
メタルビーズ（シルバー バラ型 5mm）2個
デザインビーズ（玉虫色 花型 12mm）2個
バラのアルミパーツ（黒 13mm）1個
ポーセリン（陶器製）パーツ（1.8cm×2cm）1個
金細工のパーツ（約2cm×1.5cm）1個
エンジェルのメタルパーツ（ゴールド）1個
ブローチピン（ゴールド）1個
[出来上がり寸法] 8cm×10cm

実物大型紙

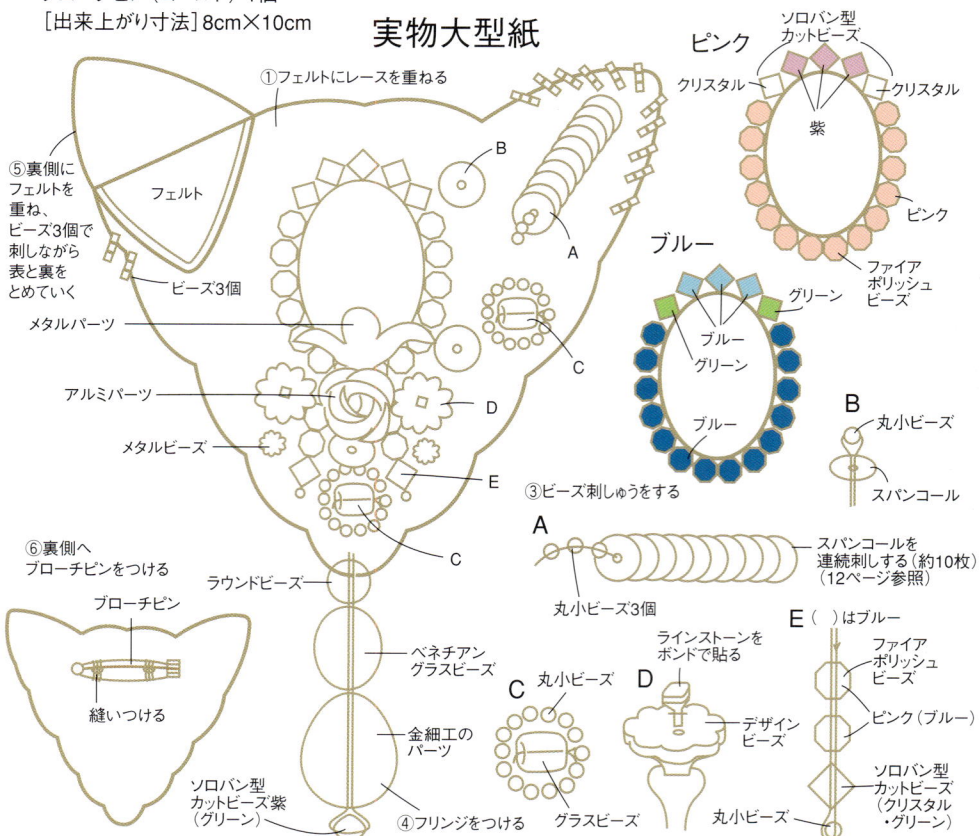

①フェルトにレースを重ねる
②ポーセリンパーツを中央にボンドで貼る
③ビーズ刺しゅうをする
④フリンジをつける
⑤裏側にフェルトを重ね、ビーズ3個で刺しながら表と裏をとめていく
⑥裏側へブローチピンをつける

Venetian

蒼ざめた天使
blue angel

ブルーが何層にも重なった色合いが素敵なブローチとブレスレット。
黒いレースにビーズ刺しゅうで仕上げます。
中心に置くオーナメントはカメオでもいいでしょう。

〈ブルーエンジェルのブローチ〉
● 本体布
フェルト(黒) 8cm×15cm
合成皮革(黒) 8cm×15cm
レース(黒地に水色) 適量
● その他材料
丸小ビーズ(ブルー トーホー321) 0.5パック
　　　　　(メタリックブルー) 45個
一分竹ビーズ(グレー トーホー81) 60個
ファイアポリッシュビーズ(ブルー 4mm) 7個
　　　　　　　　　　　(グレー 4mm) 20個
チェーンストーン(クリスタル 3mm) 15cm
ポーセリン(陶器製)パーツ(3cm×4cm) 1個
ブローチピン 1個
[出来上がり寸法] 8cm×10cm

〈ブレスレット〉
● 本体布
フェルト(黒) 18cm×5cm
合成皮革(黒) 18cm×5cm
レース(黒地に水色) 適量
● その他材料
丸小ビーズ(ブルー トーホー321) 0.5パック
　　　　　(メタリックブルー) 22個
一分竹ビーズ(グレー トーホー81) 50個
ファイアポリッシュビーズ(水色 6mm) 2個
　　　　　　　　　　　(ブルー 4mm) 4個
　　　　　　　　　　　(グレー 4mm) 12個
チェーンストーン(クリスタル 3mm) 15cm
[出来上がり寸法] 18cm×5cm

ブローチ

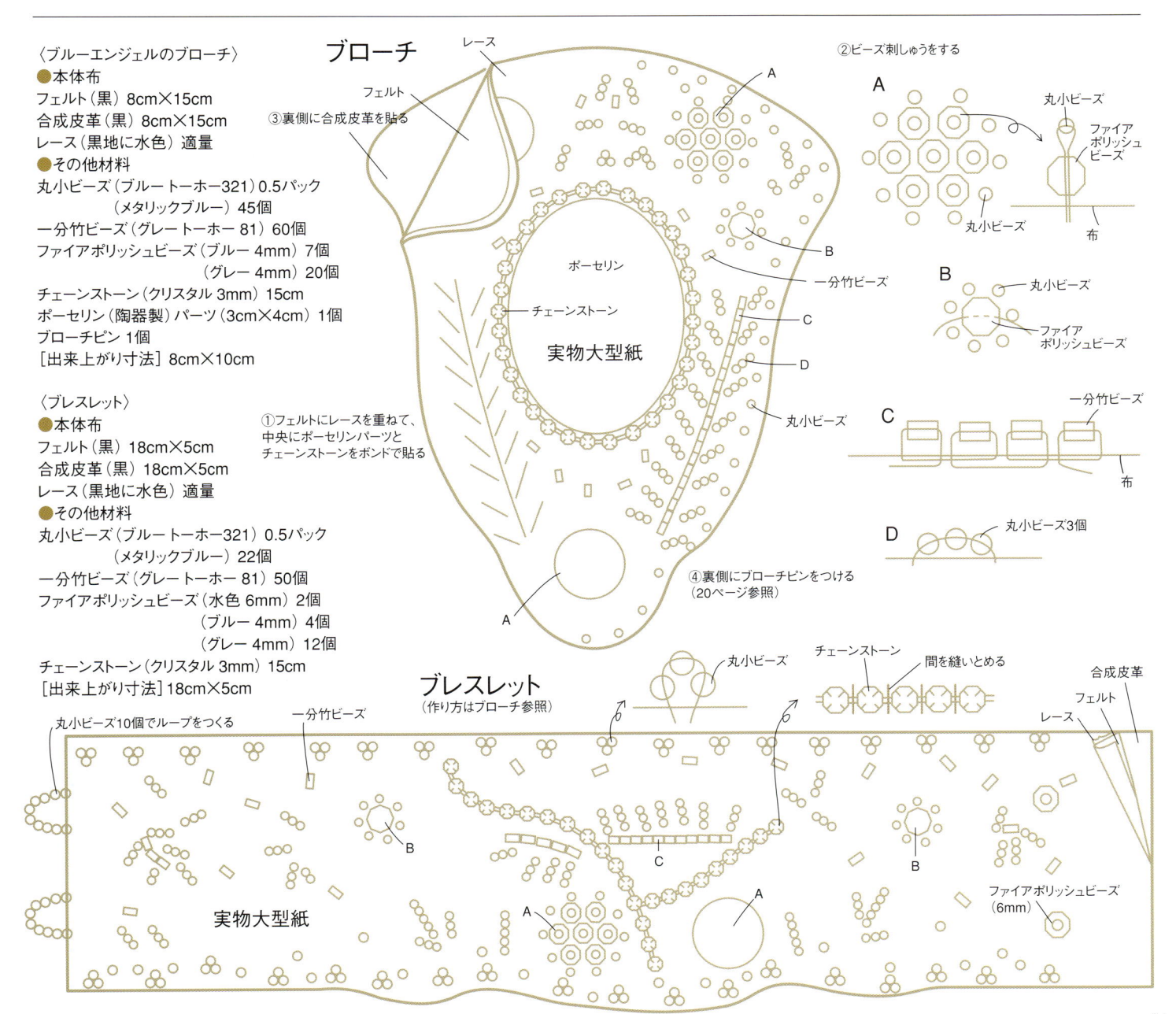

レース
フェルト
③裏側に合成皮革を貼る

②ビーズ刺しゅうをする

A — 丸小ビーズ / ファイアポリッシュビーズ / 丸小ビーズ / 布

B — 丸小ビーズ / ファイアポリッシュビーズ

C — 一分竹ビーズ / 布

D — 丸小ビーズ3個

ポーセリン
チェーンストーン
実物大型紙

A — 一分竹ビーズ
B
C
D — 丸小ビーズ

①フェルトにレースを重ねて、中央にポーセリンパーツとチェーンストーンをボンドで貼る

④裏側にブローチピンをつける
(20ページ参照)

ブレスレット
(作り方はブローチ参照)

丸小ビーズ10個でループをつくる
一分竹ビーズ
丸小ビーズ
チェーンストーン
間を縫いとめる
合成皮革
フェルト
レース
ファイアポリッシュビーズ(6mm)

実物大型紙

22 *Angel's Garden*

Venetian

ベネチアの扇
Venetian fan

扇はベネチア文化のシンボル的存在。
その形でサシェをつくりました。
中にラベンダー、ローズなど、お気に入りのハーブを入れて、
姫鏡台やランジェリーの抽斗にいかがですか。

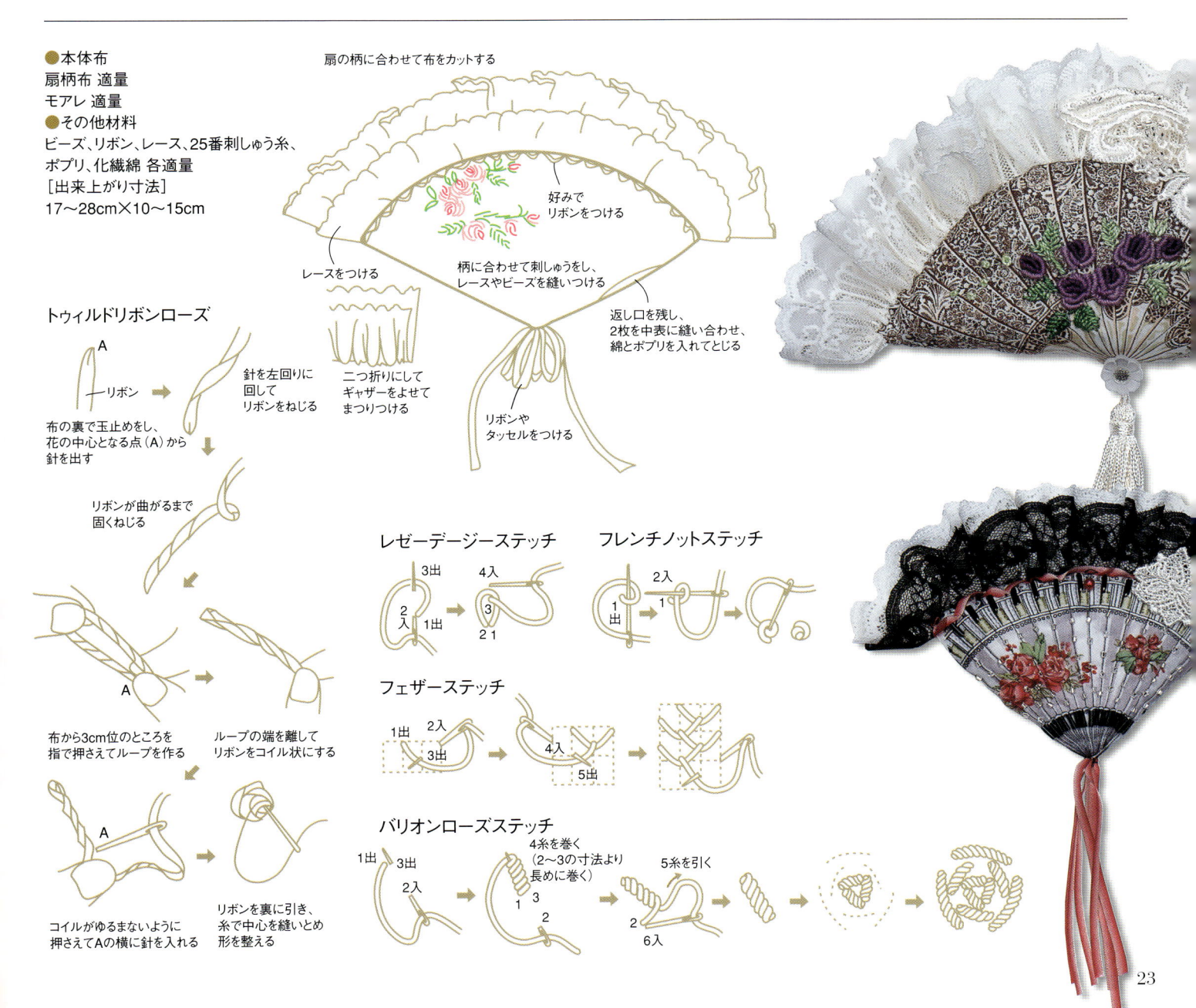

●本体布
扇柄布 適量
モアレ 適量
●その他材料
ビーズ、リボン、レース、25番刺しゅう糸、
ポプリ、化繊綿 各適量
［出来上がり寸法］
17〜28cm×10〜15cm

扇の柄に合わせて布をカットする
好みでリボンをつける
レースをつける
柄に合わせて刺しゅうをし、レースやビーズを縫いつける
返し口を残し、2枚を中表に縫い合わせ、綿とポプリを入れてとじる
リボンやタッセルをつける

トゥイルドリボンローズ

リボン
布の裏で玉止めをし、花の中心となる点（A）から針を出す

針を左回りに回してリボンをねじる

二つ折りにしてギャザーをよせてまつりつける

リボンが曲がるまで固くねじる

布から3cm位のところを指で押さえてループを作る

ループの端を離してリボンをコイル状にする

コイルがゆるまないように押さえてAの横に針を入れる

リボンを裏に引き、糸で中心を縫いとめ形を整える

レゼーデージーステッチ

3出 4入
2入 3
1出 2 1

フレンチノットステッチ

2入
1出 1

フェザーステッチ

1出 2入
3出
4入
5出

バリオンローズステッチ

1出 3出
2入
1 3
2
6入

4糸を巻く（2〜3の寸法より長めに巻く）

5糸を引く

24 Angel's Garden

Venetian

ベネチアの白バラ
Venetian white rose

黒いふくれ織りの布に、
白のオーロラスパンコールを刺しゅうした
ゴージャスなバラをつけて。
チョーカーにももう一輪つければ、
パーティーで目立つこと請け合いです。

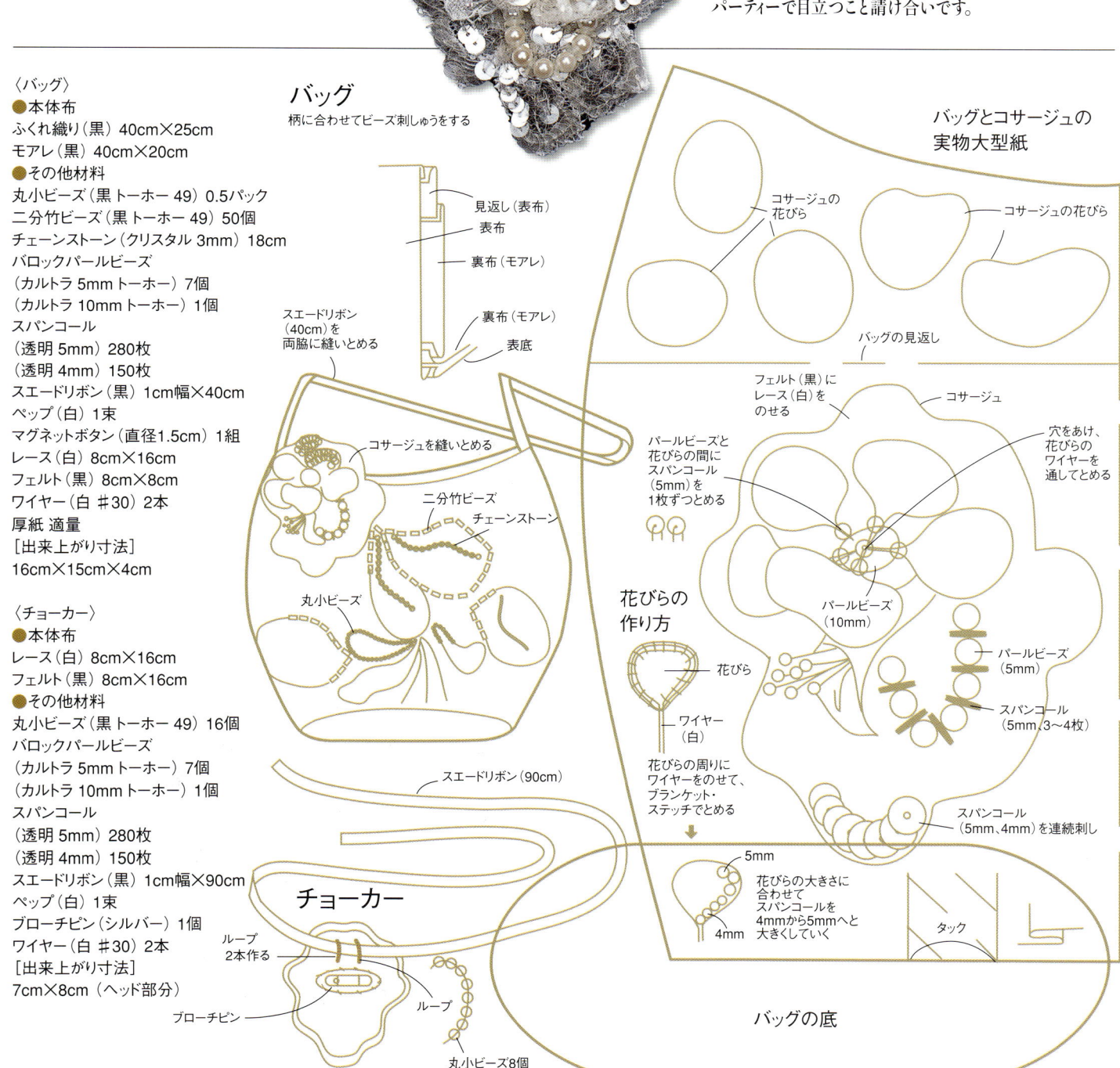

〈バッグ〉
● 本体布
ふくれ織り（黒）40cm×25cm
モアレ（黒）40cm×20cm
● その他材料
丸小ビーズ（黒トーホー 49）0.5パック
二分竹ビーズ（黒トーホー 49）50個
チェーンストーン（クリスタル 3mm）18cm
バロックパールビーズ
（カルトラ 5mm トーホー）7個
（カルトラ 10mm トーホー）1個
スパンコール
（透明 5mm）280枚
（透明 4mm）150枚
スエードリボン（黒）1cm幅×40cm
ペップ（白）1束
マグネットボタン（直径1.5cm）1組
レース（白）8cm×16cm
フェルト（黒）8cm×8cm
ワイヤー（白 #30）2本
厚紙 適量
[出来上がり寸法]
16cm×15cm×4cm

〈チョーカー〉
● 本体布
レース（白）8cm×16cm
フェルト（黒）8cm×16cm
● その他材料
丸小ビーズ（黒トーホー 49）16個
バロックパールビーズ
（カルトラ 5mm トーホー）7個
（カルトラ 10mm トーホー）1個
スパンコール
（透明 5mm）280枚
（透明 4mm）150枚
スエードリボン（黒）1cm幅×90cm
ペップ（白）1束
ブローチピン（シルバー）1個
ワイヤー（白 #30）2本
[出来上がり寸法]
7cm×8cm（ヘッド部分）

バッグ
柄に合わせてビーズ刺しゅうをする

見返し（表布）
表布
裏布（モアレ）
裏布（モアレ）
表底

スエードリボン
（40cm）を
両脇に縫いとめる

コサージュを縫いとめる
二分竹ビーズ
チェーンストーン
丸小ビーズ

スエードリボン（90cm）

チョーカー
ループ
2本作る
ブローチピン
ループ
丸小ビーズ8個

バッグとコサージュの
実物大型紙

コサージュの花びら
コサージュの花びら

バッグの見返し

フェルト（黒）にレース（白）をのせる
コサージュ
穴をあけ、花びらのワイヤーを通してとめる

パールビーズと花びらの間にスパンコール（5mm）を1枚ずつとめる

パールビーズ（10mm）
パールビーズ（5mm）
スパンコール（5mm、3〜4枚）

花びらの作り方
花びら
ワイヤー（白）
花びらの周りにワイヤーをのせて、ブランケット・ステッチでとめる

スパンコール（5mm、4mm）を連続刺し

5mm
4mm
花びらの大きさに合わせてスパンコールを4mmから5mmへと大きくしていく

タック

バッグの底

essay

ベネチアン・テイスト

　自分の感性で好きなものをつくってきました。もちろん英国のヴィクトリアン風のものも大好きですが、それに華やかさとモダンさを足した雰囲気が私の作風です。

　今年、シルバーアニバーサリーで主人とはじめて訪れたベネチア。建物、ブティックのディスプレイ、どれをとっても味わい深く、私の感性にぴったりのテイストでした。先祖にはここの血が入っているのかと思うほどでした。以前からイタリアの文化、建築、アートが大好きではありましたが、ベネチアはまた別格です。13世紀から東方貿易で潤い、海洋国家ベネチア共和国として栄華を極めた小国で、ビザンチン帝国、西洋、東洋すべての文化のエキスを集約し今に伝えています。夕暮れの景色ひとつとっても絶品で、「幻想的」という言葉はこのベネチアのためにあるのかと感じさせ、イタリアの中でも「ベネチアは別の国」といわれることが納得できます。ただ、初めて訪れた国なので、私の作風に大きく影響を与えたというよりも、似たような感覚の国に迷い込んだような不思議な気がしました。「私が追い求めていた世界はここだ」という確信めいた感覚に襲われ、少し大げさに言えば「約束の土地」のような気がしたものです。

シルバーアニバーサリーの記念に主人からプレゼントされた逆彫りカメオのブレスレット

　そんなこともあって、本書のサブタイトルは *Neo Venetian Style* としています。

私のモットー

　私のモットーは「作り方はシンプルに、出来上がりはゴージャスに」というものです。ずいぶんたくさんの方にレッスンをしてきましたが、初心者の方も楽しんで作れるものを念頭においています。たとえば接着可能なところには縫わずにボンドを使用したり、「消えるチャコ」を使用し、表から直接布の上に出来上がりの線を描いたりもします。今の時代は万事スピーディーで、すぐに結果を見たい方が多いからです。途中で投げ出さずに最後まで完成していただきたいので、なるべく省けるところは便利な道具を利用し、ビーズ刺繍や、リボン刺繍にはゆっくり時間をかけます。

ベネチアで見つけたマスクのショップは今回の旅行で最も気に入ったお店のひとつです

ベネチアの天使たち
Venetian angels

Venetian
ベネチアの天使たち
Venetian angels

ポーセリンの天使を使用した
きらびやかで上品なバッグと、
大ぶりのチョーカーのセット。
チョーカーはプレーンな黒いドレスに
ことのほかよく合い、
ドレスの一部のように胸元を飾ります。

〈バッグ〉
●本体布
ビロード（濃紫）55cm×30cm（表布）
モアレ（ピンク）55cm×30cm（裏布）
レース（白）適量
●その他材料
スリーカットビーズ
（グリーン系玉虫色 トーホー CR180）2.5パック
（アクアブルー トーホー CR55）0.5パック
（メタリックパープル トーホー CR85）0.5パック
（ローズピンク トーホー CR356）0.5パック
丸小ビーズ
（透明 トーホー 1）1パック
（フューシャピンク）450個
（ターコイズグリーン トーホー 561F）0.5パック
（シルバー トーホー 21）20個
シードビーズ（シルバー トーホーアンティークビーズ A714）1.5パック
天然石サザレ
（グリーン）5個
（紫）6個
ラウンドビーズ（透明 6mm）8個
クリスタルカットビーズ（透明 6mm）3個
パールビーズ（カルトラ 3mm トーホー）33個
デザインビーズ（茶 花型7mm）4個
デザインビーズ（グリーン 花型7mm）2個
ポーセリン（陶器製）パーツ（4cm×3cm）1個
エンジェルのメタルパーツ（シルバー）大1個、小2個
口金（シルバー17cm）1個
チェーン（黒）45cm
丸カン（黒）2個
Cカン（黒）2個
［出来上がり寸法］20cm×27cm×5cm

〈チョーカー〉
●本体布
ビロード（濃紫）30cm×20cm
合成皮革（黒）30cm×20cm
レース（白）適量
●その他材料
スリーカットビーズ
（アクアブルー トーホー CR55）0.5パック
（メタリックパープル トーホー CR85）0.5パック
（グリーン系玉虫色 トーホー CR180）2.5パック
（ローズピンク トーホー CR356）0.5パック
丸小ビーズ
（透明 トーホー 1）1.5パック
（フューシャピンク）350個
（ターコイズグリーン トーホー 561F）1パック
（シルバー トーホー 21）20個
シードビーズ（シルバー トーホーアンティークビーズ A714）1.5パック
天然石サザレ
（グリーン）7個
（紫）3個
ラウンドビーズ（透明 6mm）11個
クリスタルカットビーズ（透明 6mm）5個
パールビーズ（カルトラ 4mm トーホー）33個

ポーセリンパーツ周りの刺しゅう

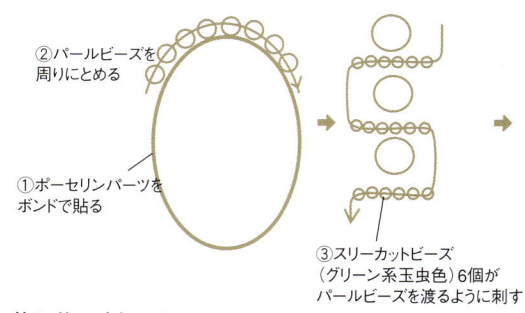

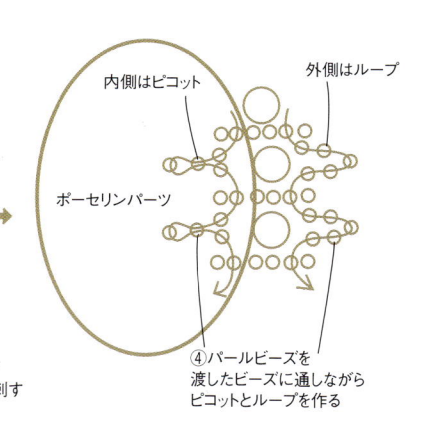

①ポーセリンパーツをボンドで貼る
②パールビーズを周りにとめる
③スリーカットビーズ（グリーン系玉虫色）6個がパールビーズを渡るように刺す
④パールビーズを渡したビーズに通しながらピコットとループを作る
内側はピコット
外側はループ
ポーセリンパーツ

花と葉の刺しゅう

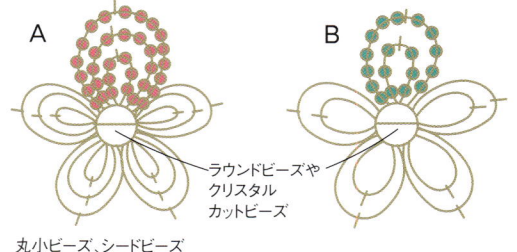

A
丸小ビーズ、シードビーズ
スリーカットビーズを通してレゼーデージーステッチ

B
ラウンドビーズやクリスタルカットビーズ

C スリーカットビーズ 3個
天然石サザレ

D スリーカットビーズ（グリーン系玉虫色）4個

E 丸小ビーズ（透明）3個

F 花弁
丸小ビーズ（透明）2〜3個をストレート・ステッチ

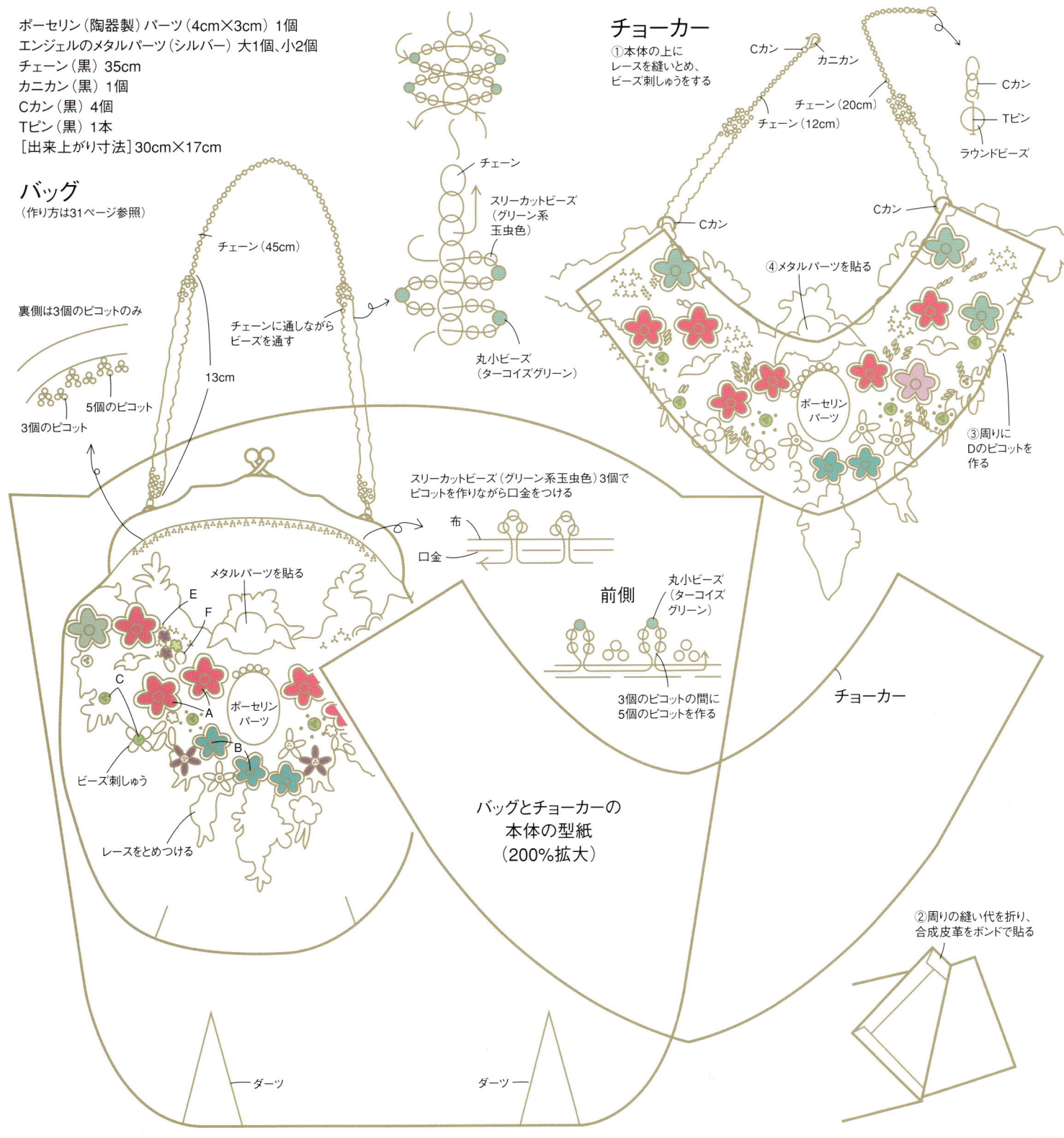

ポーセリン（陶器製）パーツ（4cm×3cm）1個
エンジェルのメタルパーツ（シルバー）大1個、小2個
チェーン（黒）35cm
カニカン（黒）1個
Cカン（黒）4個
Tピン（黒）1本
［出来上がり寸法］30cm×17cm

バッグ
（作り方は31ページ参照）

- チェーン（45cm）
- 裏側は3個のピコットのみ
- 5個のピコット
- 3個のピコット
- 13cm
- チェーンに通しながらビーズを通す
- チェーン
- スリーカットビーズ（グリーン系玉虫色）
- 丸小ビーズ（ターコイズグリーン）
- メタルパーツを貼る
- スリーカットビーズ（グリーン系玉虫色）3個でピコットを作りながら口金をつける
- 布
- 口金
- ポーセリンパーツ
- ビーズ刺しゅう
- レースをとめつける

チョーカー
①本体の上にレースを縫いとめ、ビーズ刺しゅうをする

- Cカン
- カニカン
- チェーン（20cm）
- チェーン（12cm）
- Cカン
- Tピン
- ラウンドビーズ
- Cカン
- ④メタルパーツを貼る
- ポーセリンパーツ
- ③周りにDのピコットを作る

前側
- 丸小ビーズ（ターコイズグリーン）
- 3個のピコットの間に5個のピコットを作る

チョーカー

バッグとチョーカーの本体の型紙（200%拡大）

- ダーツ
- ②周りの縫い代を折り、合成皮革をボンドで貼る

29

30 Angel's Garden

Venetian
ベネチアン・ゴールド・バッグ
Venetian gold bag

オレンジとゴールドの組み合わせが若々しい、華のあるバッグです。
簡単な工夫で豪華に見えるループフリンジの手法で。
ちょっとしたお食事など、カジュアルなシーンにもいかがでしょう。

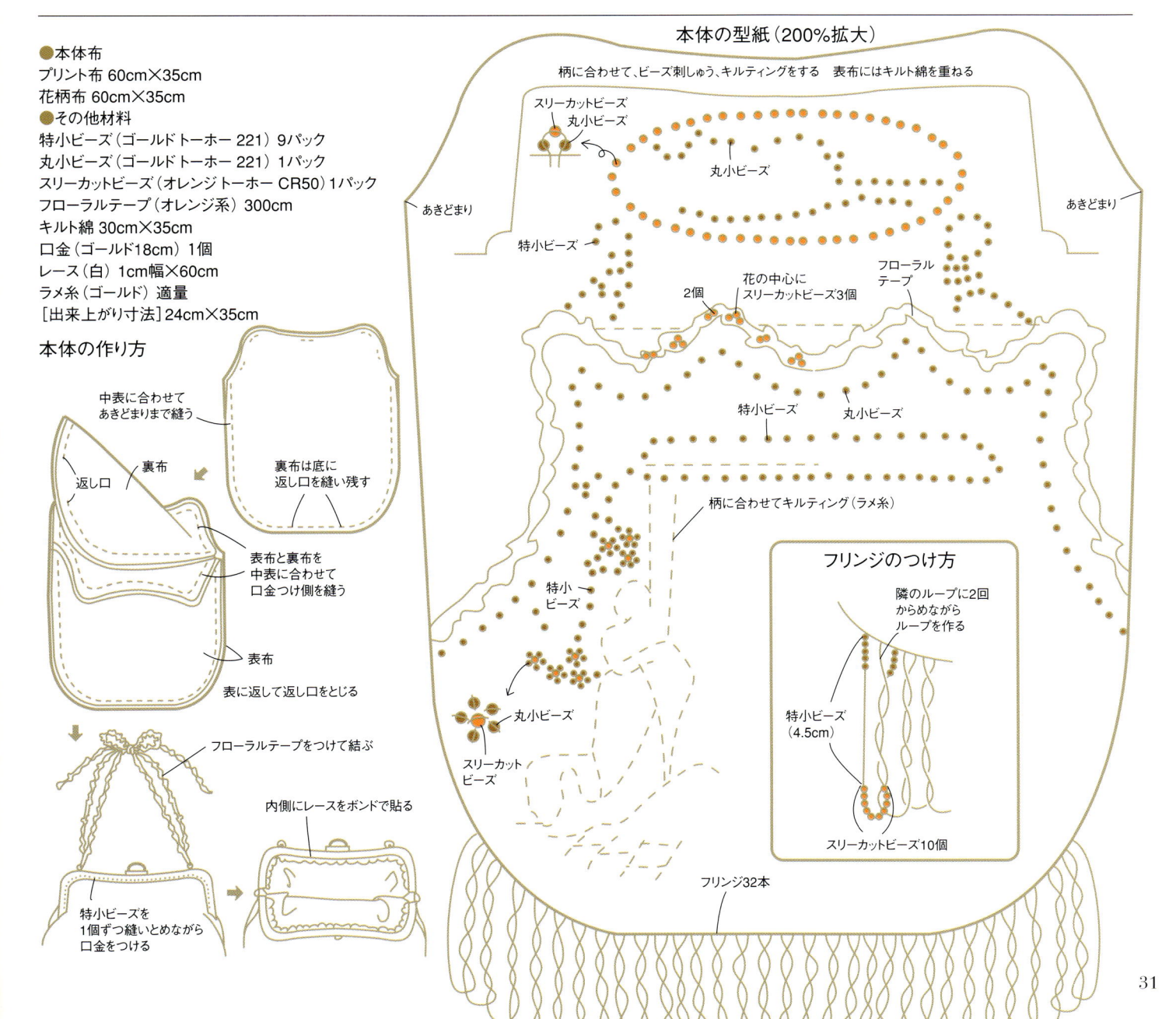

●本体布
プリント布 60cm×35cm
花柄布 60cm×35cm
●その他材料
特小ビーズ（ゴールド トーホー 221）9パック
丸小ビーズ（ゴールド トーホー 221）1パック
スリーカットビーズ（オレンジ トーホー CR50）1パック
フローラルテープ（オレンジ系）300cm
キルト綿 30cm×35cm
口金（ゴールド18cm）1個
レース（白）1cm幅×60cm
ラメ糸（ゴールド）適量
[出来上がり寸法] 24cm×35cm

本体の作り方

- 中表に合わせてあきどまりまで縫う
- 裏布
- 返し口
- 裏布は底に返し口を縫い残す
- 表布と裏布を中表に合わせて口金つけ側を縫う
- 表布
- 表に返して返し口をとじる
- フローラルテープをつけて結ぶ
- 内側にレースをボンドで貼る
- 特小ビーズを1個ずつ縫いとめながら口金をつける

本体の型紙（200%拡大）

柄に合わせて、ビーズ刺しゅう、キルティングをする　表布にはキルト綿を重ねる

- スリーカットビーズ
- 丸小ビーズ
- あきどまり
- 特小ビーズ
- 丸小ビーズ
- フローラルテープ
- 2個
- 花の中心にスリーカットビーズ3個
- 特小ビーズ
- 丸小ビーズ
- 柄に合わせてキルティング（ラメ糸）
- 特小ビーズ
- 丸小ビーズ
- スリーカットビーズ
- フリンジ32本

フリンジのつけ方

- 隣のループに2回からめながらループを作る
- 特小ビーズ（4.5cm）
- スリーカットビーズ10個

Baroque

17世紀初頭のイタリアに端を発した様式、バロック。
その「洗練されて風変わり」な作風を用いて、時代末期のロココのイメージをコラボレート。
華やかな中にもロマンチックな作品たちです。

リボン提供：MOKUBA

Angel's Garden

バロックパンジーのオーナメント
Baroque pansy

フランス製のワイヤーリボンで作ったパンジーを、
ロココ風のオーナメントボックスとミニアルバムに飾りました。
とても簡単に味のある華やかさが演出できますから、プレゼントにも最適です。
クレイジーキルトで作ったポーチの上にはパンジーをアップリケしてあります。

パンジーの作り方

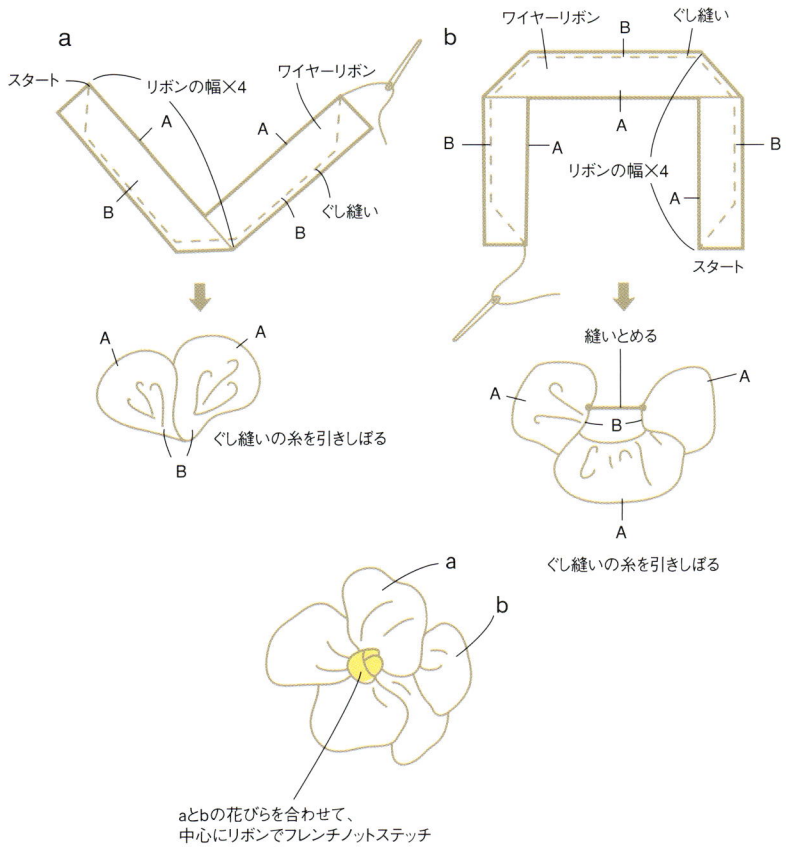

a
スタート／リボンの幅×4／ワイヤーリボン／A／A／B／B／ぐし縫い
↓
A、A、B　ぐし縫いの糸を引きしぼる

b
ワイヤーリボン／ぐし縫い／B／B／A／A／リボンの幅×4／スタート
↓
縫いとめる／A、A、B　ぐし縫いの糸を引きしぼる

a
b
aとbの花びらを合わせて、
中心にリボンでフレンチノットステッチ

※パンジー1つを作るのに必要なリボンの長さはリボンの幅×4×5です

パンジーとバラのボックス
パンジーのポーチ
パンジーのミニアルバム
Baroque pansy

Baroque

バロックパンジーのオーナメント
Baroque pansy

〈パンジーのボックス〉
● 本体
楕円の箱（12cm×9cm×5.5cm）1個
● その他材料
丸小ビーズ（グリーン トーホー 946）0.5パック
まが玉ビーズ（黒 トーホー M49）5個
メタルボタン（12mm）1個
メタルパーツ（ゴールド）2個
レース（白）2種各適量
ワイヤーリボン（オレンジ MOKUBA）2.5cm幅×50cm
［出来上がり寸法］12cm×9cm×6cm

〈バラのボックス〉
● 本体
楕円の箱（12cm×9cm×5.5cm）1個
● その他材料
丸小ビーズ（グリーン トーホー 946）30個
エンジェルとバラのメタルパーツ（ゴールド）各1個
貝パーツ（白）1個
レース（白）適量
ワイヤーリボン（ピンク MOKUBA）2.5cm幅×50cm
［出来上がり寸法］12cm×9cm×6cm

〈パンジーのポーチ〉
● 本体布
プリント布 35cm×50cm（表用）
　　　　　 35cm×50cm（裏用）
● その他材料
丸小ビーズ（黒 トーホー 49）10個
　　　　　（グリーン トーホー 47）12個
六角ビーズ（黒 トーホー 49）20個
一分竹ビーズ（透明 トーホー 161）20個
　　　　　　（白 トーホー 141）10個
　　　　　　（茶 トーホー 114）10個
パールビーズ（カルトラ 3mm トーホー）35個
　　　　　　（カルトラ 2mm トーホー）70個
デザインパール（白 平型 8mm）20個
メッキビーズ（ゴールド 3mm）30個
シードビーズ
（白 トーホーアンティークビーズ A121）90個
（玉虫色 トーホーアンティークビーズ A783）50個
（乳白色 トーホーアンティークビーズ A123）80個
（メタリックレッド トーホーアンティークビーズ A564）90個
（メタリックパープル トーホーアンティークビーズ A425）50個
ワイヤーリボン（4～5種 MOKUBA）各適量
リボン（3種）各100cm
フローラルテープ（2種）各20～30cm

メタルパーツ（ゴールド）4個
パイピング布 2.2cm幅×150cm
キルト綿 35cm×50cm
レース（白）1cm幅×150cm（ふちどり用）
　　　（白）各適量
マグネットボタン（直径1.5cm）1組
ファスナー（25cm）1本
ボールチップ（ゴールド）1個
シルクプリント、厚紙、5番刺しゅう糸、ラメ糸　各適量
［出来上がり寸法］29cm×19cm

〈パンジーのミニアルバム〉
● 本体布
モアレ（薄グリーン）30cm×20cm
フェルト（グリーン）25cm×20cm
● その他材料
ワイヤーリボン（ピンク MOKUBA）2.5cm幅×50cm
リボンテープ 適量
レースモチーフ（白）1枚
レース（白）7cm×20cm
　　　（ピンク系）1.6cm幅×140cm
メタルパーツ（ゴールド）1個
キルト綿 30cm×20cm
ミニアルバム（16cm×11cm）1冊

パンジーのボックス
※下にひくレースは好みの色に染色する

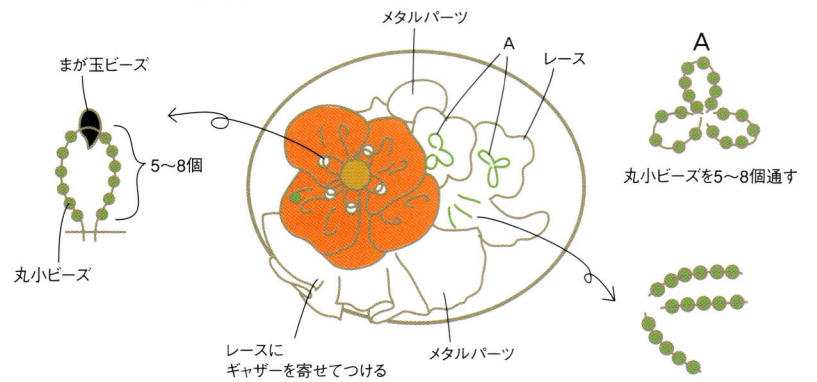

- まが玉ビーズ
- 丸小ビーズ
- 5～8個
- メタルパーツ
- A
- レース
- 丸小ビーズを5～8個通す
- レースにギャザーを寄せてつける
- メタルパーツ

バラのボックス

- ワイヤーリボンの片側を縫いしぼってバラの花を作る
- メタルパーツ
- レース
- A
- 丸小ビーズ
- メタルパーツ
- 貝パーツ
- レースにギャザーを寄せてつける

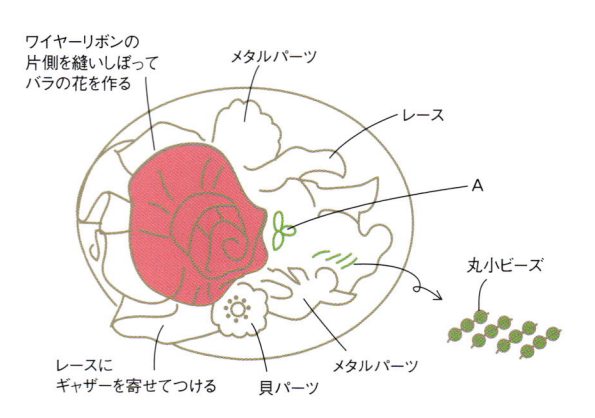

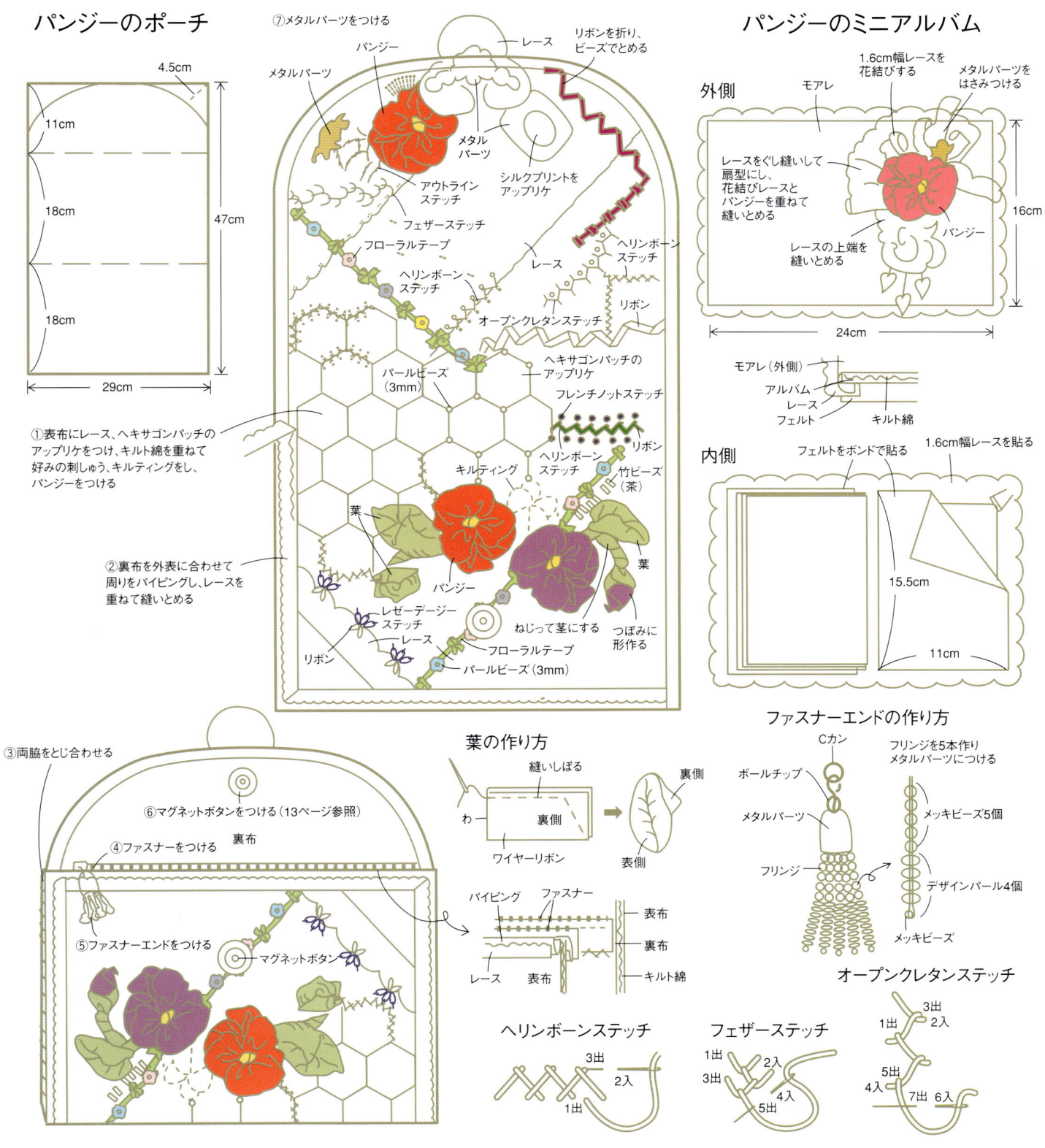

パンジーのポーチ

- 4.5cm
- 11cm
- 18cm
- 18cm
- 47cm
- 29cm

① 表布にレース、ヘキサゴンパッチのアップリケをつけ、キルト綿を重ねて好みの刺しゅう、キルティングをし、パンジーをつける

② 裏布を外表に合わせて周りをパイピングし、レースを重ねて縫いとめる

⑦ メタルパーツをつける

- メタルパーツ
- パンジー
- アウトラインステッチ
- メタルパーツ
- シルクプリントをアップリケ
- フェザーステッチ
- フローラルテープ
- ヘリンボーンステッチ
- レース
- ヘリンボーンステッチ
- オープンクレタンステッチ
- リボン
- パールビーズ（3mm）
- ヘキサゴンパッチのアップリケ
- フレンチノットステッチ
- ヘリンボーンステッチ
- リボン
- キルティング
- 竹ビーズ（茶）
- 葉
- 葉
- パンジー
- ねじって茎にする
- つぼみに形作る
- レゼーデージーステッチ
- リボン
- レース
- フローラルテープ
- パールビーズ（3mm）
- レース
- リボンを折り、ビーズでとめる

③ 両脇をとじ合わせる
④ ファスナーをつける
⑤ ファスナーエンドをつける
⑥ マグネットボタンをつける（13ページ参照）

- 裏布
- マグネットボタン
- パイピング
- ファスナー
- 表布
- 裏布
- レース
- 表布
- キルト綿

パンジーのミニアルバム

外側
- モアレ
- 1.6cm幅レースを花結びする
- メタルパーツをはさみつける
- レースをぐし縫いして扇型にし、花結びレースとパンジーを重ねて縫いとめる
- レースの上端を縫いとめる
- パンジー
- 16cm
- 24cm

- モアレ（外側）
- アルバム
- レース
- フェルト
- キルト綿

内側
- フェルトをボンドで貼る
- 1.6cm幅レースを貼る
- 15.5cm
- 11cm

葉の作り方
- 縫いしぼる
- 裏側
- わ
- 裏側
- ワイヤーリボン
- 表側

ファスナーエンドの作り方
- Cカン
- ボールチップ
- メタルパーツ
- フリンジ
- フリンジを5本作りメタルパーツにつける
- メッキビーズ5個
- デザインパール4個
- メッキビーズ

ヘリンボーンステッチ
1出　2入　3出

フェザーステッチ
1出　2入　3出　4入　5出

オープンクレタンステッチ
1出　2入　3出　4入　5出　6入　7出

35

36 Angel's Garden

Baroque
クリスタルエンジェル&ホワイトエンジェルの ファンブローチ
crystal angel & white angel

レースと刺しゅうをふんだんに使った扇型のブローチ。
シンプルな装いのときにもおしゃれなアクセントになります。
エンジェルのオーナメントをポイントに。

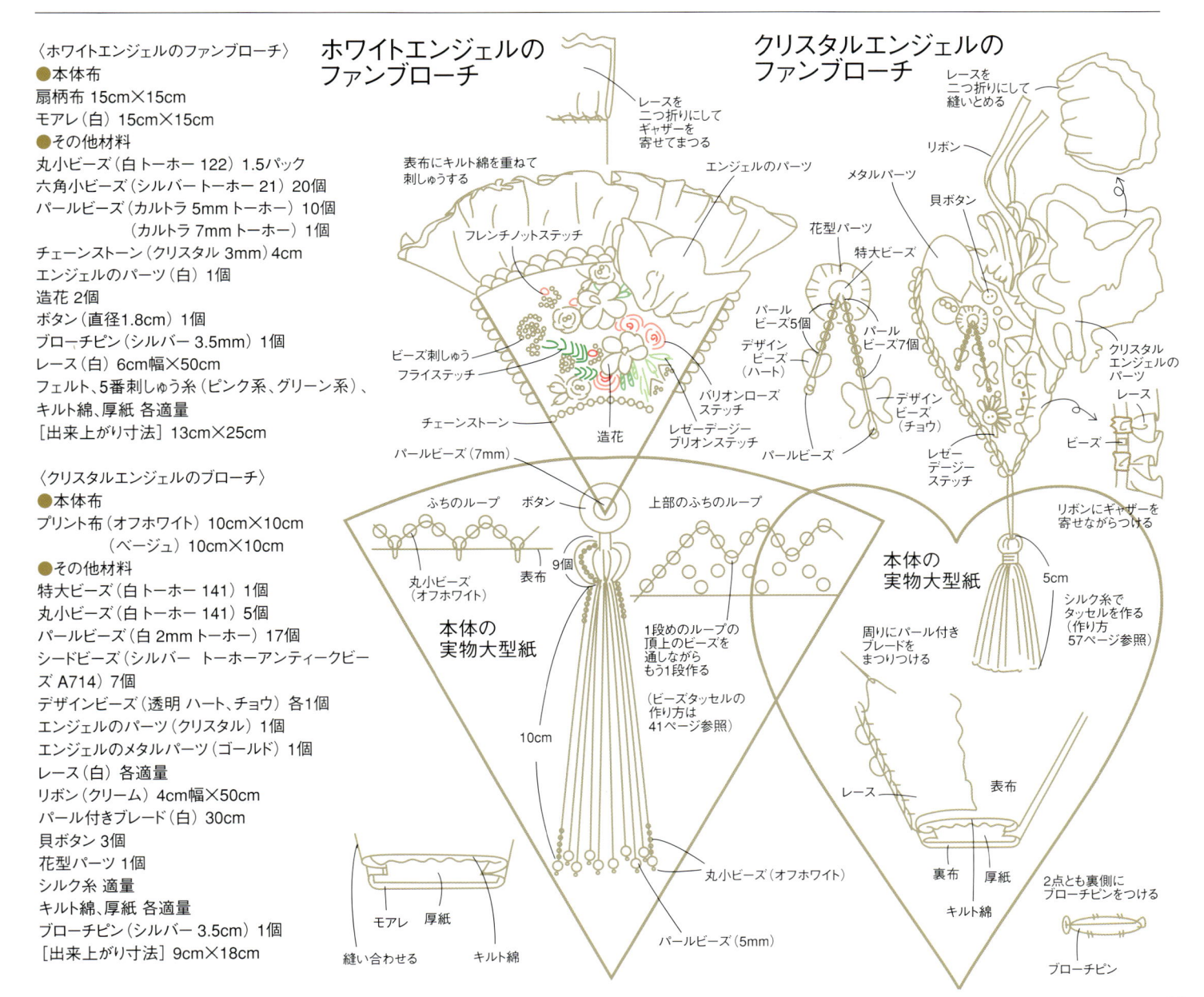

〈ホワイトエンジェルのファンブローチ〉
● 本体布
扇柄布 15cm×15cm
モアレ（白）15cm×15cm
● その他材料
丸小ビーズ（白 トーホー 122）1.5パック
六角小ビーズ（シルバー トーホー 21）20個
パールビーズ（カルトラ 5mm トーホー）10個
　　　　　　（カルトラ 7mm トーホー）1個
チェーンストーン（クリスタル 3mm）4cm
エンジェルのパーツ（白）1個
造花 2個
ボタン（直径1.8cm）1個
ブローチピン（シルバー 3.5mm）1個
レース（白）6cm幅×50cm
フェルト、5番刺しゅう糸（ピンク系、グリーン系）、
キルト綿、厚紙 各適量
［出来上がり寸法］13cm×25cm

〈クリスタルエンジェルのブローチ〉
● 本体布
プリント布（オフホワイト）10cm×10cm
　　　　　（ベージュ）10cm×10cm
● その他材料
特大ビーズ（白 トーホー 141）1個
丸小ビーズ（白 トーホー 141）5個
パールビーズ（白 2mm トーホー）17個
シードビーズ（シルバー トーホーアンティークビーズ A714）7個
デザインビーズ（透明 ハート、チョウ）各1個
エンジェルのパーツ（クリスタル）1個
エンジェルのメタルパーツ（ゴールド）1個
レース（白）各適量
リボン（クリーム）4cm幅×50cm
パール付きブレード（白）30cm
貝ボタン 3個
花型パーツ 1個
シルク糸 適量
キルト綿、厚紙 各適量
ブローチピン（シルバー 3.5cm）1個
［出来上がり寸法］9cm×18cm

ホワイトエンジェルのファンブローチ

レースを二つ折りにしてギャザーを寄せてまつる
表布にキルト綿を重ねて刺しゅうする
エンジェルのパーツ
フレンチノットステッチ
ビーズ刺しゅう
フライステッチ
バリオンローズステッチ
レゼーデージー
ブリオンステッチ
チェーンストーン
造花
パールビーズ（7mm）
ボタン
ふちのループ
上部のふちのループ
9個
表布
丸小ビーズ（オフホワイト）
本体の実物大型紙
1段めのループの頂上のビーズを通しながらもう1段作る
（ビーズタッセルの作り方は41ページ参照）
10cm
丸小ビーズ（オフホワイト）
パールビーズ（5mm）
モアレ
厚紙
縫い合わせる
キルト綿

クリスタルエンジェルのファンブローチ

レースを二つ折りにして縫いとめる
リボン
メタルパーツ
貝ボタン
花型パーツ
特大ビーズ
パールビーズ 5個
デザインビーズ（ハート）
パールビーズ 7個
デザインビーズ（チョウ）
レゼーデージーステッチ
パールビーズ
クリスタルエンジェルのパーツ
レース
ビーズ
リボンにギャザーを寄せながらつける
本体の実物大型紙
5cm
シルク糸でタッセルを作る（作り方 57ページ参照）
周りにパール付きブレードをまつりつける
レース
表布
裏布
厚紙
キルト綿
2点とも裏側にブローチピンをつける
ブローチピン

38 Angel's Garden

Baroque
ゴージャスレースのニードルボックス
needle box with gorgeous lace

バロックスタイルのニードルボックスは
幅広のゴージャスなレースで縁を飾りました。
表側には貴婦人のイタリア製シルクプリントを、
ボックスの内側には、バロック調の生地を使用しています。

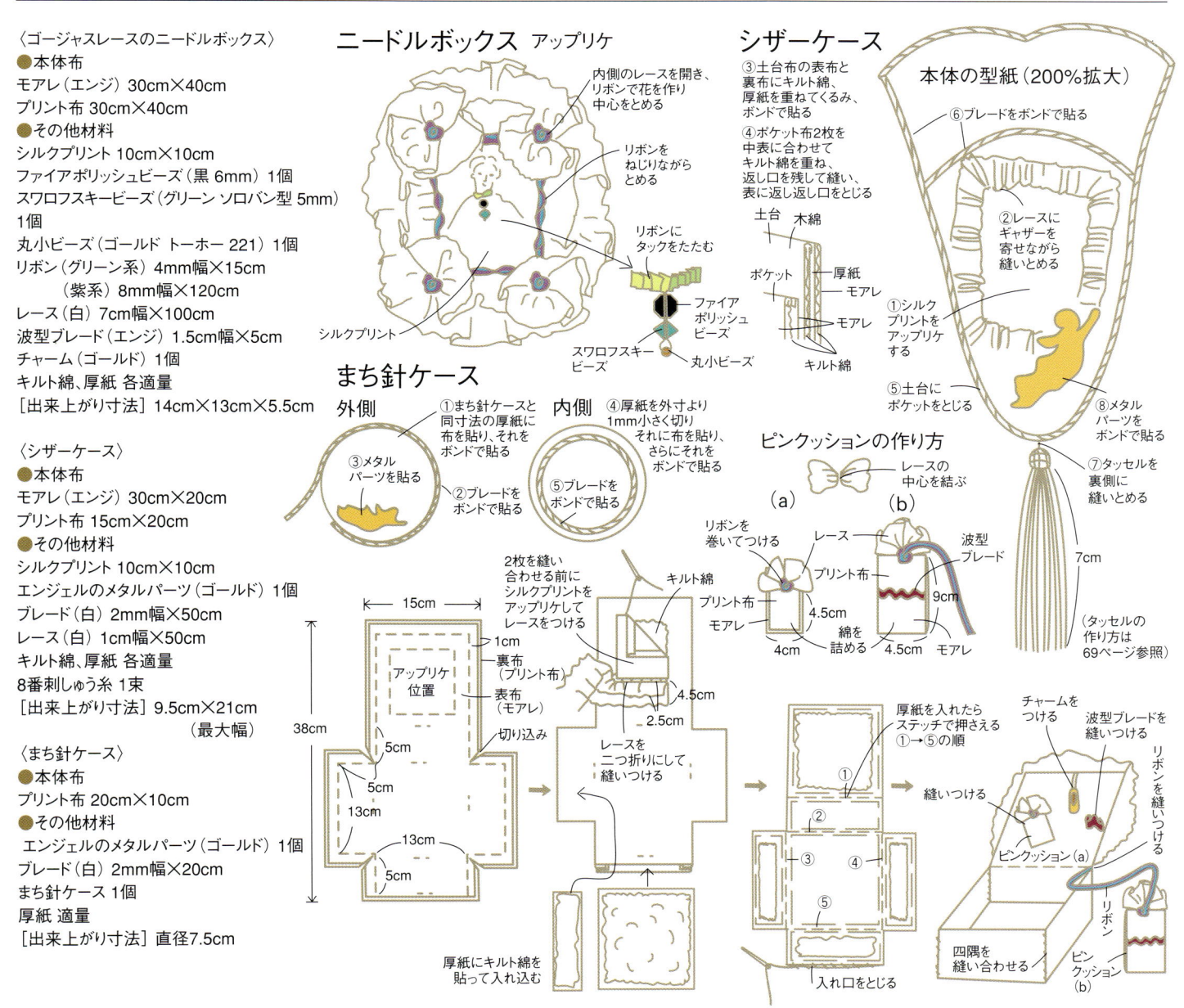

〈ゴージャスレースのニードルボックス〉
● 本体布
モアレ（エンジ）30cm×40cm
プリント布 30cm×40cm
● その他材料
シルクプリント 10cm×10cm
ファイアポリッシュビーズ（黒 6mm）1個
スワロフスキービーズ（グリーン ソロバン型 5mm）1個
丸小ビーズ（ゴールド トーホー 221）1個
リボン（グリーン系）4mm幅×15cm
　　　（紫系）8mm幅×120cm
レース（白）7cm幅×100cm
波型ブレード（エンジ）1.5cm幅×5cm
チャーム（ゴールド）1個
キルト綿、厚紙 各適量
［出来上がり寸法］14cm×13cm×5.5cm

〈シザーケース〉
● 本体布
モアレ（エンジ）30cm×20cm
プリント布 15cm×20cm
● その他材料
シルクプリント 10cm×10cm
エンジェルのメタルパーツ（ゴールド）1個
ブレード（白）2mm幅×50cm
レース（白）1cm幅×50cm
キルト綿、厚紙 各適量
8番刺しゅう糸 1束
［出来上がり寸法］9.5cm×21cm
（最大幅）

〈まち針ケース〉
● 本体布
プリント布 20cm×10cm
● その他材料
エンジェルのメタルパーツ（ゴールド）1個
ブレード（白）2mm幅×20cm
まち針ケース 1個
厚紙 適量
［出来上がり寸法］直径7.5cm

40 Angel's Garden

ゴブランテープ、ベルベットリボン、フローラルテープ、ワイヤーリボン
提供：MOKUBA

Baroque

ロココスタイルのミニローズポシェット
mini rose pochette

ゴブランテープとリボンを使って。
ビーズのタッセルが可愛い、
ロココ調のミニローズポシェット。
バロックを想わせるゴールドの天使が
デザインのポイントです。
ピンクとオリーブの2種。

〈ピンクのポシェット〉
●本体布
ゴブランテープ（MOKUBA No.5239の5）
　7.5cm幅×26cm
ベルベットリボン（MOKUBA No.4643の17）
　5cm幅×65cm
●その他材料
丸小ビーズ（グリーン トーホー945）50個
　　　　　（ブルー トーホー954）40個
スリーカットビーズ
　（ピンク トーホー CR785）1.5パック
　（紫 トーホーCR356）35個
スパンコール（ゴールド 3mm）50枚
　　　　　　（ピンク 3mm）5枚
パールビーズ（カルトラ 4mm）12個
フランス製ワイヤーリボン（紫系 MOKUBA No.5）
　2.5cm幅×50cm
フローラルテープ（ピンク MOKUBA No.9321の8）140cm
エンジェルのメタルパーツ（ゴールド）1個
フェルト（白）、25番刺しゅう糸（グリーン）
［出来上がり寸法］11cm×14cm×2.5cm

〈オリーブのポシェット〉
●本体布
ゴブランテープ（MOKUBA No.5239の2）
　7.5cm幅×26cm
ベルベットリボン（MOKUBA No.4643の98）
　5cm幅×65cm
●その他材料
丸小ビーズ（グリーン トーホー945）1パック
スリーカットビーズ
　（ピンク トーホー CR945）0.5パック
　（グリーン トーホー CR108）30個
スパンコール（ピンク 3mm）30枚
パールビーズ（カルトラ 4mm）12個
フランス製ワイヤーリボン（オレンジ系 MOKUBA No.5）
　2.5cm幅×50cm
フローラルテープ（サーモンピンク MOKUBA No.9322の2）140cm
エンジェルのメタルパーツ（ゴールド）1個
フェルト（白）、25番刺しゅう糸（グリーン）
［出来上がり寸法］11cm×14cm×2.5cm

ビーズ刺しゅうの刺し方

丸小ビーズ・スリーカットビーズで花の刺しゅうをする
スパンコール

ビーズタッセルの作り方

7cm
0.8cm
2/3ぐらい
フェルト
フリンジつけ止まり
フリンジを13本縫いつける
中心から9個通してボール状にする
ビーズ 28〜30個
4cm
フェルトを巻いて縫い止める
4個のピコット
2.5cm
ビーズ

ピンクのポシェット

⑧フローラルテープ（長さ115cm）をつける
⑦フローラルテープにパールビーズをつけながら縫いつける
パールビーズ
メタルパーツをつける
①ゴブランに刺しゅうをする
フレンチノットステッチ
⑨タッセルをつける
24cm

③ワイヤーリボンにギャザーを寄せて縫いつける
⑤内側にリボンの見返しをつける
②ゴブランにリボンを重ねて縫う
④わに縫う
⑥底を縫い合わせる
ベルベットリボン
ゴブランテープ
ベルベットリボン

底の型紙（200%拡大）

42 Angel's Garden

プチピンクッション&メジャーケース
petit pincushions & measure cases

小さな小さなソーイングシリーズ。
ピンクッションは壜のふたなどを布でくるんで
かわいらしく仕上げます。
メジャーケースもビーズ刺しゅうでおしゃれに変身。

〈プチピンクション〉
●本体布
モアレ、ゴブラン、プリント布、フェルト 各適量
●その他材料
びんのキャップ
丸小ビーズ、カットビーズ 各色適量
フローラルテープ、綿ビロードのリボン、エンジェルのメタルパーツ、化繊綿、糸巻き、ワイヤー 各適量
［出来上がり寸法］直径2〜4cm×3cm 〜7cm

〈メジャーケース〉
●本体布
ゴブラン、モアレ、プリント布 各適量
●その他材料
ビーズ（丸小、スリーカット）各適量
ブレード、リボン、5番刺しゅう糸、キルト綿 各適量
メジャー（直径5cm）1個
［出来上がり寸法］直径5.5cm×2.5cm

Baloque

プチピンクッション&メジャーケース
petit pincushions & measure cases

プチピンクッション

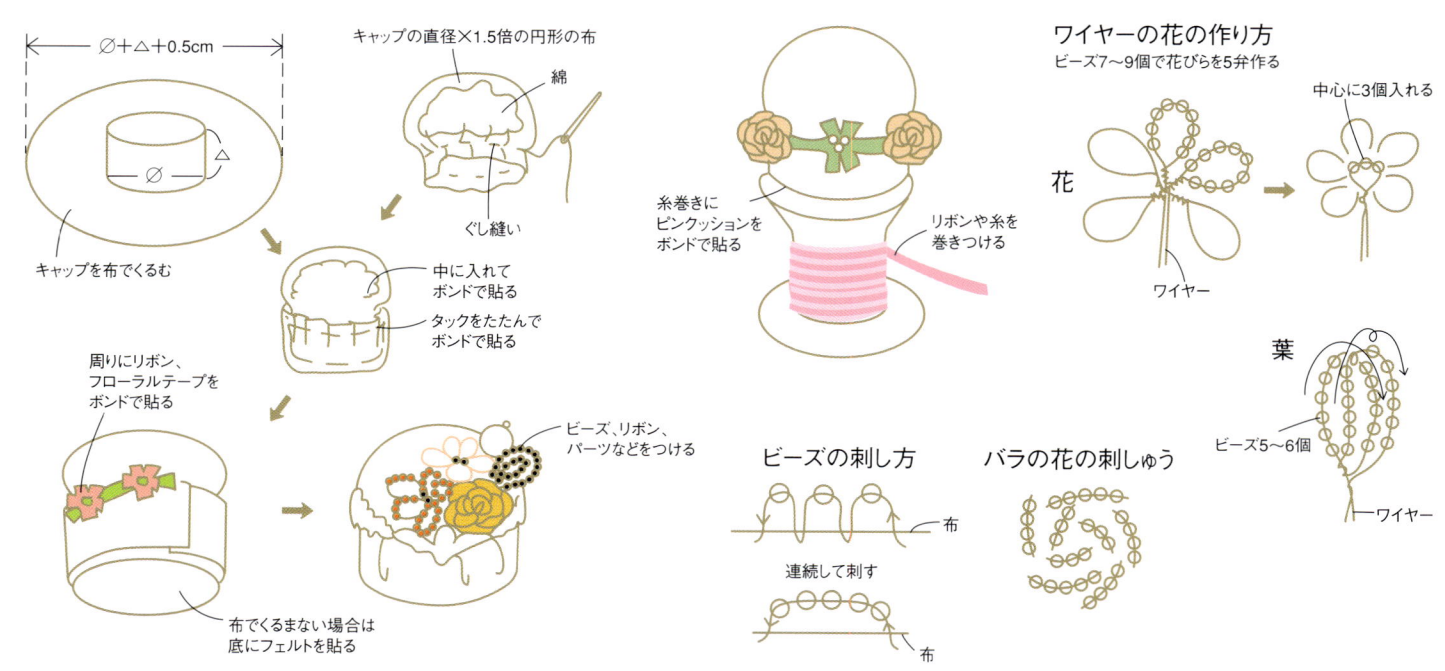

Ø+△+0.5cm

キャップを布でくるむ

キャップの直径×1.5倍の円形の布
綿
ぐし縫い

中に入れてボンドで貼る
タックをたたんでボンドで貼る

周りにリボン、フローラルテープをボンドで貼る

ビーズ、リボン、パーツなどをつける

布でくるまない場合は底にフェルトを貼る

糸巻きのピンクッション

糸巻きにピンクッションをボンドで貼る
リボンや糸を巻きつける

ビーズの刺し方
連続して刺す
布

バラの花の刺しゅう

ワイヤーの花の作り方
ビーズ7〜9個で花びらを5弁作る

花
ワイヤー
中心に3個入れる

葉
ビーズ5〜6個
ワイヤー

メジャーケース （実物大型紙は57ページ）

厚紙
キルト綿
キルト綿
柄に合わせて刺しゅうをする
表面と底を縫い合わせる
メジャーの出し口に切り込みを入れ、ブランケットステッチをする
メジャーのボタンが下になるように布をかぶせる

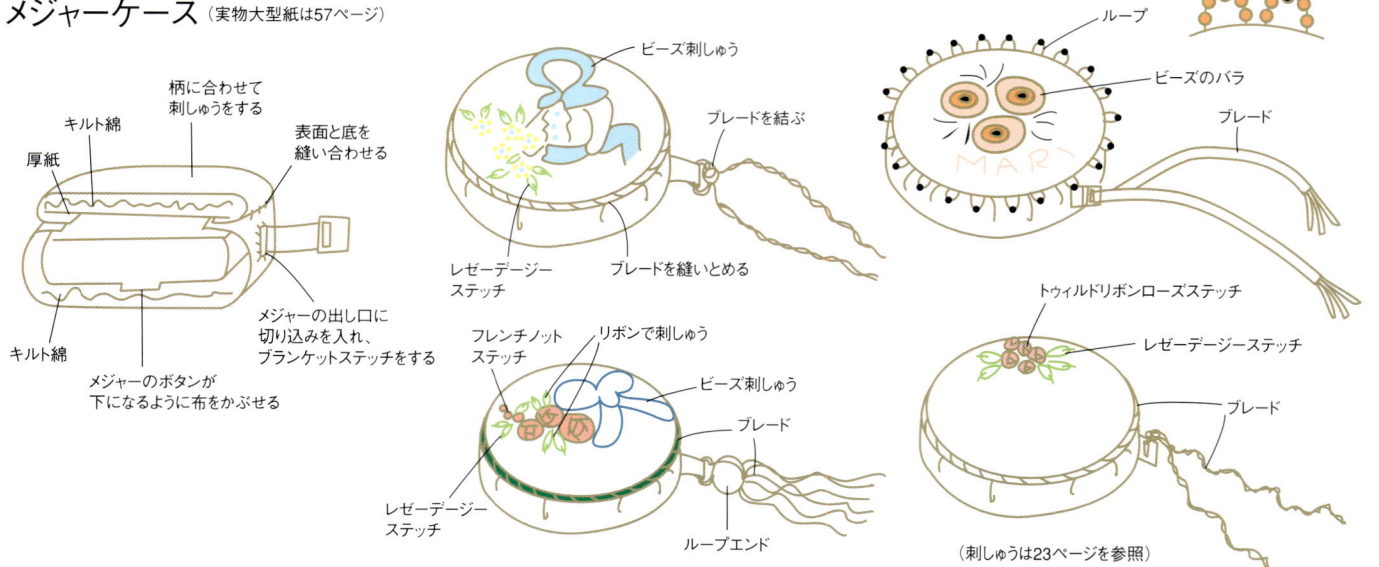

ビーズ刺しゅう
ブレードを結ぶ
レゼーデージーステッチ
ブレードを縫いとめる

フレンチノットステッチ
リボンで刺しゅう
ビーズ刺しゅう
ブレード
レゼーデージーステッチ
ループエンド

ループ
ループ
ビーズのバラ
ブレード

トゥイルドリボンローズステッチ
レゼーデージーステッチ
ブレード

（刺しゅうは23ページを参照）

44 Angel's Garden

essay

大好きな天使

　私のライフワークともいえる天使についてお話しましょう。プロテスタントのキリスト教の学校にずっと通い続けたことが影響したのかどうかはわかりませんが、天使が大好きです。私のブランドも *"Angel's Garden by Mari Seto"* という名前で商標を取得したほどです。

　さて、中世の神学者は諸天使を9つの段階に分けたといわれています。私の一番好きな *Cherub* は小児の顔をした裸の天使。上から2番目の階級で、知識に秀でています。また9段階の最下級の属するものを *Angel* と呼んだそうです。皆さんは「天使」というと西洋生まれのものと思っていらっしゃる方が多いのではないでしょうか？　天使は「慈しみ」「無邪気」「愛」の象徴で、その根本精神は東洋からといわれています。姿かたちは西洋のギリシャ神話の中の *Nike*（ナイキ）からきています。しかし4世紀までは羽根もついておらず、ゴシック後期までは芸術家たちも絵に描かなかったそうです。*"Talk of an Angel, and he will appear."*（「噂をすれば影とやら」とい

う意味の上品な言い方）のようにやわらかい表現に使われたりもします。また *Angel* はパトロン（団体等に援助する人たち）の意味にも使われ、とても愛らしく無邪気で、奉仕を意味する形容に多く使われています。

　一説にはわれわれ一人一人にすべて守護神（*Guardian spirit Angel*）というものがついているらしく、そう考えると、とても力づけられる感じがして、幸運をつかめるような気がします。

　天使のモチーフやオーナメントは私の作品によく登場しますが、天使が入った生地、オブジェ、照明、燭台等のコレクションが、我が家のそこかしこにもあります。今回の撮影のスタイリングにもその愛らしいものたちをふんだんに使いました。どこに天使が登場しているか、皆さんも探してみてください。

扇のこと

　扇（ファン）のモチーフも大好きなものの一つです。東洋的でもあり、西洋的でもあるビザンチン時代のきらびやかさを象徴するモチーフで、私の作品にもし

ばしば登場させています。

　以前にアンティークの象牙のファンに、天使がたくさん飛んでいるものを見つけたことがありましたが、それはそれは高価で手が出ませんでした。そのイメージをヒントに写真下の作品をつくってみました。これは1999年にアメリカ・フェアフィールド社からの招待作家としてウェアブルキルトのファッションショー用のドレスを依頼されたときに、ショーモデルが実際に使用したものです。私もこのショーを見に、ヒューストンまではるばる出かけ、何百人もの観衆の方から拍手を頂いたときには、とても感動したことを思い出します。

Classic

ネオ・ベネチアン・テイストに、英国のヴィクトリアン風のイメージを重ね合わせた
クラシックなライン。気品と伝統を感じさせる作品たちです。

Classic
ティーカップのピンクッション
tea cup pincushions

外国製のティーカップや
ポットのプリント柄を使って、
ビーズ刺しゅうをプラス。
中にキャンドルを削って入れておくと、
針が錆びません。

●本体布
ティーカッププリント布 適量
モアレ（薄紫）適量
●その他材料
丸小ビーズ
（ピンク トーホー 127）適量
（ゴールド トーホー 22）適量
六角ビーズ（赤 トーホー332）適量
化繊綿 適量
［出来上がり寸法］7〜11cm×4〜8cm

本体の型紙（200％拡大）
表布はティーカップの柄に合わせ、縫い代をつけて裁つ

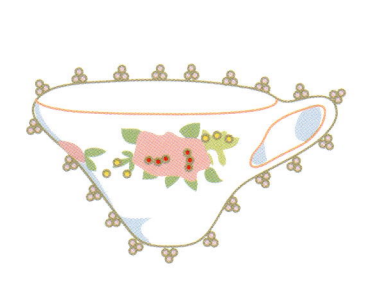

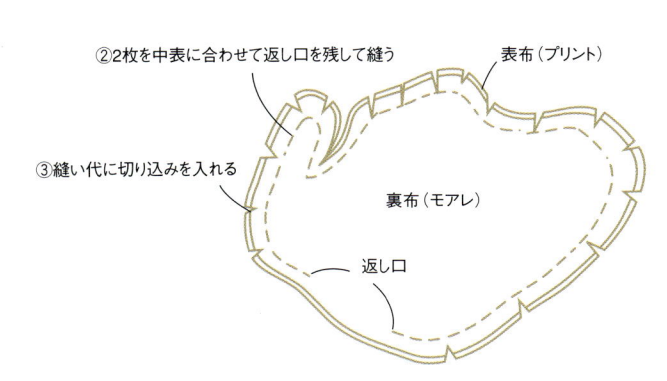

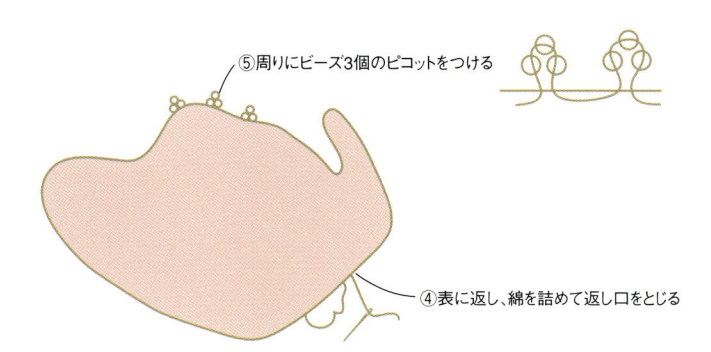

①花柄に合わせてビーズ刺しゅうをする

②2枚を中表に合わせて返し口を残して縫う
表布（プリント）
③縫い代に切り込みを入れる
裏布（モアレ）
返し口

⑤周りにビーズ3個のピコットをつける

④表に返し、綿を詰めて返し口をとじる

48 *Angel's Garden*

Classic
ヴィクトリアン・スクエアボックス
Victorian sewing box

レースとタッセルにはピンクのバリオンローズと
ビーズ刺しゅうで細やかな立体感を演出します。
上部のピンクッションとボックスのふたは
四隅で留めつけてあるだけなので、
ハサミを差し込むことができ
出し入れが便利です。

●本体布
モアレ（黒）30cm×15cm
レース（白）1枚
●その他材料
丸大ビーズ
（透明 トーホー 21）12個
丸小ビーズ
（ターコイズグリーン トーホー 561F）33個
二分竹ビーズ（オーロラ白 トーホー 161）36個
レース（白）1.2cm幅×120cm
リリアン（白）1束
エンジェルのメタルパーツ（ゴールド）1個
角型（10cm角）の箱 1個
フェルト（白）、5番刺しゅう糸（ピンク、ブルー、グリーン）化繊綿 各適量
[出来上がり寸法] 10cm×10cm×14cm

刺しゅうの図案
- レース
- バリオンローズステッチ
- レザーデージーステッチ（23ページ参照）
- 丸小ビーズ（ターコイズグリーン）
- フレンチノットステッチ
- 丸大ビーズ
- 竹ビーズ

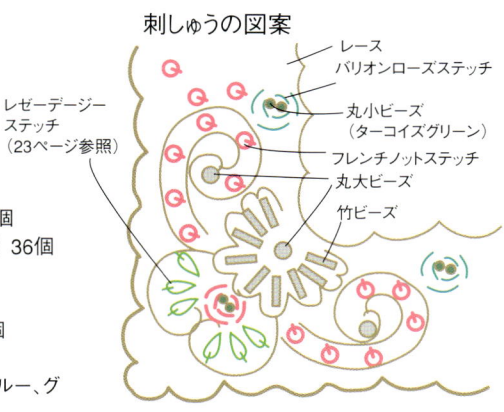

タッセルの作り方
- レースにギャザーをよせてつける
- 角を丸くカット
- 3cm
- 1.5cm
- フェルト
- メタルパーツ
- バリオンローズステッチ
- タッセルに巻きつける
- 7cm

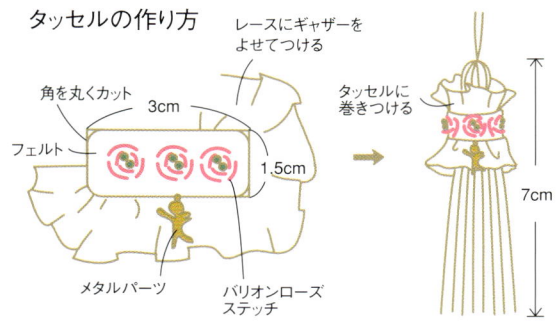

（タッセルの作り方は69ページ参照）

フレンチノットステッチ
2～3回巻く

バリオンローズステッチ
1出　3出　2入
4糸を巻く（2～3の寸法より長めに巻く）
1　3
2
5糸を引く
2
6入

- 13cm
- 13cm
- 1cm
- ②中表に合わせ、返し口を残して縫う
- ①表布にレースを縫いとめ、刺しゅうをする

- ③箱の四隅に布をとめつける
- ④綿を詰めて返し口をとじる
- ⑤周りにギャザーを寄せながらレースをつける

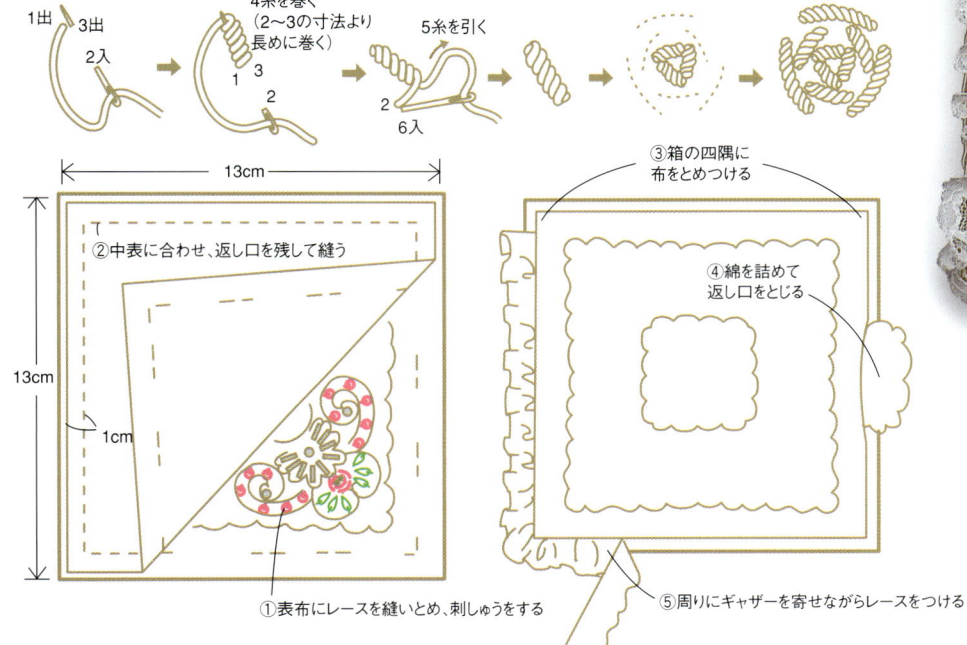

クラシカルシューズのピンクッション
classical shoes

51

Classic
クラシカルシューズのピンクッション
classical shoes

ミス・レインによるデザインの
ミニチュアシューズを用いたピンクッション。
その高級感をそこなわないように、
ビロード、ゴブラン、ビーズで飾りました。

〈紫のシューズ〉
● 本体布
ゴブラン 10×10cm
● その他材料
スリーカットビーズ
（紫 トーホー CR515）0.5パック
（ブルー トーホー CR167BD）1.5パック
ファイアポリッシュビーズ（ブルー 4mm）13個
スパンコール（紫 5mm）25枚
化繊綿 適量
[出来上がり寸法] 9cm×6.5cm×3cm

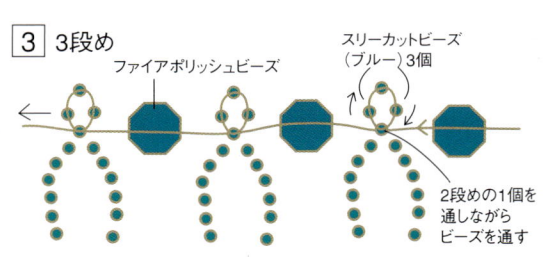

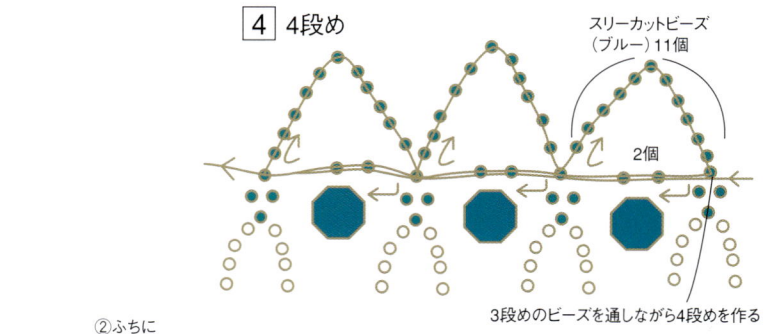

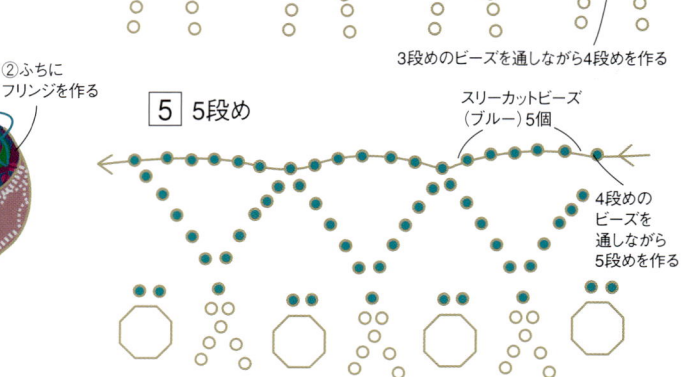

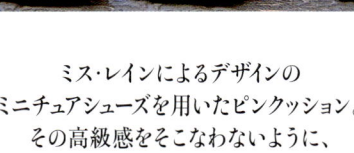

〈オレンジのシューズ〉
● 本体布
ゴブラン 10×10cm
● その他材料
スリーカットビーズ
（トルコブルー トーホー CR55）44個
（ブルー トーホー CR932）66個
丸小ビーズ（ゴールド トーホー 221）1パック
化繊綿 適量
[出来上がり寸法] 8cm×6.5cm×3cm

〈クリームのシューズ〉
● 本体布
ビロード 10×10cm
● その他材料
シードビーズ（シルバー トーホー アンティーク
ビーズ A711）0.5パック
ファイアポリッシュビーズ（紫 4mm）20個
化繊綿 適量
[出来上がり寸法] 9.5cm×5.5cm×3.5cm

紫のシューズ
フリンジの作り方

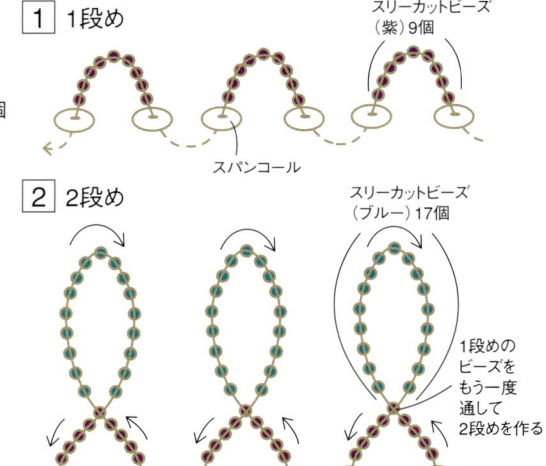

1. 1段め — スリーカットビーズ（紫）9個、スパンコール
2. 2段め — スリーカットビーズ（ブルー）17個、1段めのビーズをもう一度通して2段めを作る
3. 3段め — ファイアポリッシュビーズ、スリーカットビーズ（ブルー）3個、2段めの1個を通しながらビーズを通す
4. 4段め — スリーカットビーズ（ブルー）11個、2個、3段めのビーズを通しながら4段めを作る
5. 5段め — スリーカットビーズ（ブルー）5個、4段めのビーズを通しながら5段めを作る

①ゴブランに綿を詰めて入れる
②ふちにフリンジを作る

Angel's Garden

オレンジのシューズ

フリンジの作り方

1 1段め1周

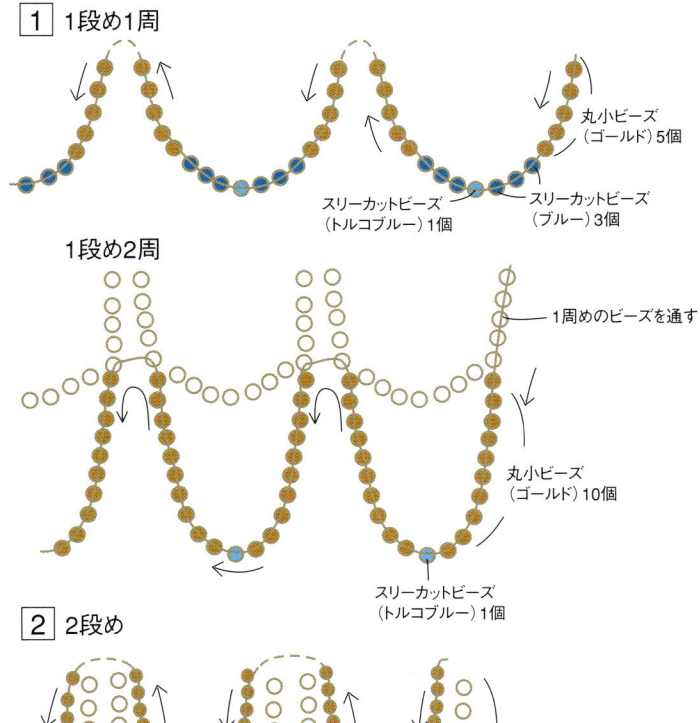

丸小ビーズ（ゴールド）5個
スリーカットビーズ（トルコブルー）1個
スリーカットビーズ（ブルー）3個

1段め2周

1周めのビーズを通す
丸小ビーズ（ゴールド）10個
スリーカットビーズ（トルコブルー）1個

2 2段め

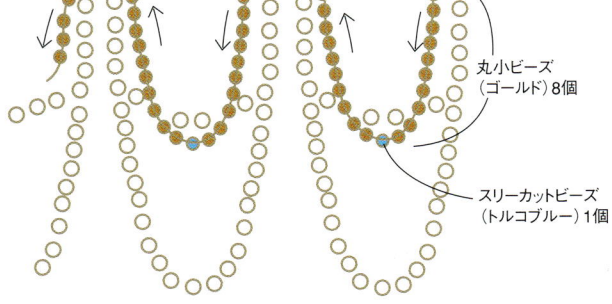

丸小ビーズ（ゴールド）8個
スリーカットビーズ（トルコブルー）1個

3 3段め

丸小ビーズ（ゴールド）5個
スリーカットビーズ（トルコブルー）1個

①ゴブランに綿を詰めて入れる
②丸小ビーズ（ゴールド）を刺しゅう
③ふちにフリンジを作る

クリームのシューズ

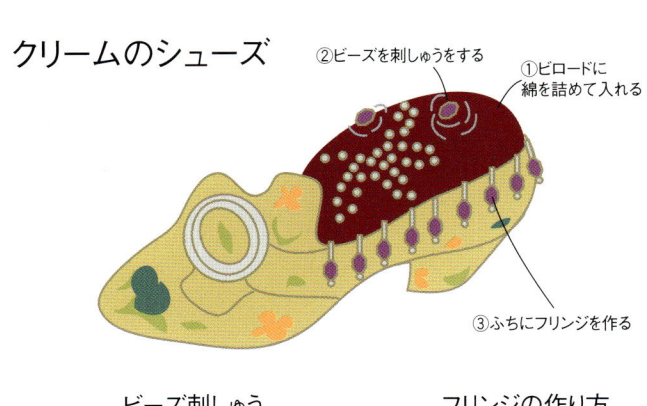

①ビロードに綿を詰めて入れる
②ビーズを刺しゅうをする
③ふちにフリンジを作る

ビーズ刺しゅう

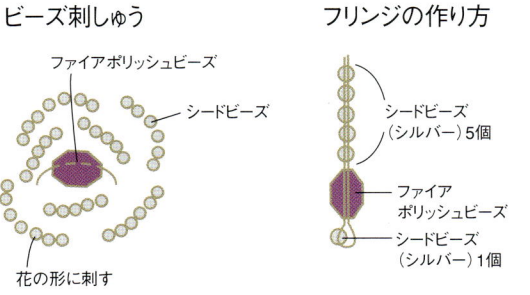

ファイアポリッシュビーズ
シードビーズ
花の形に刺す

フリンジの作り方

シードビーズ（シルバー）5個
ファイアポリッシュビーズ
シードビーズ（シルバー）1個

54 Angel's Garden

Classic
シルバーエンジェルのニードルセット
silver angels

シックな黒と、かわいいピンクのニードルセット。LOVEのモチーフは糸やビーズで刺しゅうします。おそろいの銀のエンジェルが幸せを運んでくれそうです。プレゼントアイテムとしても喜ばれるでしょう。

〈黒のシザーケース〉
●本体布
モアレ（黒）　40cm×15cm
●その他材料
丸小ビーズ（シルバー トーホー 21）1.5パック
六角大ビーズ（シルバー トーホー 21）35個
六角小ビーズ（ピンク トーホー 127）45個
エンジェルのメタルパーツ（シルバー）1個
レース（黒）10cm×20cm
リボン（黒）4mm幅×40cm
刺し子糸（ぼかしピンク）、キルト綿、厚紙 各適量
[出来上がり寸法] 9cm×13cm

〈黒のブーツのピンクッション〉
●本体布
モアレ（黒）25cm×20cm
●その他材料
丸小ビーズ（シルバー トーホー 21）1.5パック
六角大ビーズ（シルバー トーホー 21）60個
六角小ビーズ（ピンク トーホー 127）45個
刺し子糸（ぼかしピンク）、化繊綿　適量
[出来上がり寸法] 9cm×15cm

〈黒のメジャーケース〉
●本体布
モアレ（黒）25cm×20cm
●その他材料
丸小ビーズ（シルバー トーホー 21）1パック
六角大ビーズ（シルバー トーホー 21）35個
六角小ビーズ（ピンク トーホー 127）45個
エンジェルのメタルパーツ（シルバー）1個
メジャー（直径5cm）1個
コード（黒 1mm）1束
刺し子糸（ぼかしピンク）、キルト綿、厚紙 各適量
[出来上がり寸法] 直径8cm×2cm

〈ピンクのシザーケース〉
●本体布
モアレ（ピンク）20cm×15cm
綿ビロード（濃ピンク）40cm×15cm
●その他材料
スリーカットビーズ（紫 トーホー CR515）2パック
スパンコール（ピンク 3mm）35枚
　　　　　　（紫 4mm）10枚
エンジェルのメタルパーツ（シルバー）1個
スナップ 1組　化繊綿 適量
[出来上がり寸法] 8cm×12cm

〈ピンクのブーツのピンクッション〉
●本体布
モアレ（ピンク）25cm×20cm
●その他材料
スリーカットビーズ（紫 トーホー CR515）1.5パック
スパンコール（ピンク 3mm）40枚
　　　　　　（紫 4mm）15枚
エンジェルのメタルパーツ（シルバー）1個
化繊綿 適量
[出来上がり寸法] 9cm×15cm

〈ピンクのメジャーケース〉
●本体布モアレ（ピンク）10cm×10cm
綿ビロード（濃ピンク）15cm×15cm
●その他材料
スリーカットビーズ（紫 トーホー CR515）1パック
スパンコール（ピンク 3mm）20枚
　　　　　　（紫 4mm）7枚
エンジェルのメタルパーツ（シルバー）1個
メジャー（直径5cm）1個
キルト綿、厚紙 各適量
[出来上がり寸法] 直径6.5cm×2cm

Classic

シルバーエンジェルのニードルセット
silver angels

ブーツのピンクッション

（黒）

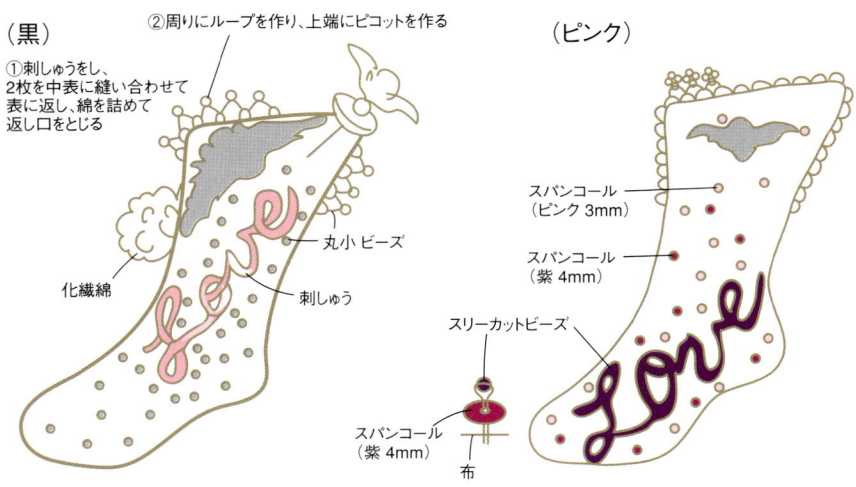

①刺しゅうをし、2枚を中表に縫い合わせて表に返し、綿を詰めて返し口をとじる

②周りにループを作り、上端にピコットを作る

- 化繊綿
- 丸小ビーズ
- 刺しゅう

（ピンク）

- スパンコール（ピンク 3mm）
- スパンコール（紫 4mm）
- スリーカットビーズ
- スパンコール（紫 4mm）
- 布

周りのループとピコットの作り方
※シザーケース、メジャーケースも同様

（黒）
- 六角大ビーズ
- 丸小ビーズ
- 2段め
- 1段め
- 布

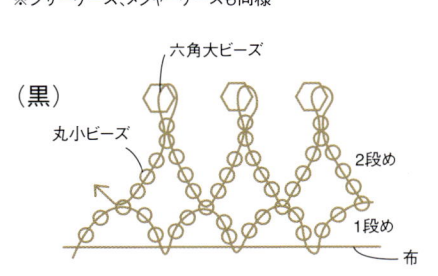

（ピンク）
- スリーカットビーズ
- 2段め
- 1段め
- 布

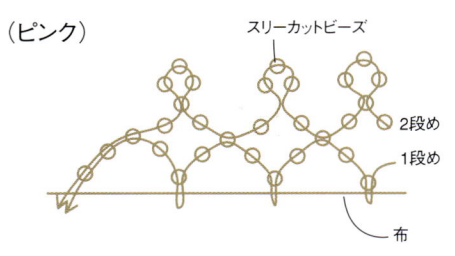

シザーケース

（黒）外側

裏面は1段のみループを作る

①刺しゅうをする
④ビーズでループを作る
⑥メタルパーツをボンドで貼る
- 丸小ビーズ
⑤脇をとじる

脇のとじ方

（黒）
- 反対側のビーズの頂上を通しながらとじる
- ② ①

（ピンク）
- ビーズを1個足しながら山型の頂上を通す

（ピンク）外側
（作り方は黒のシザーケース参照）

- メタルパーツ
- スリーカットビーズ
- スパンコール（紫 4mm）
- スパンコール（ピンク 3mm）
- モアレ

※ピコットは黒、ピンクともに表面のみに作る

内側
- レースを重ねる
- リボンをはさむ

角は縫い代に切り込み

②外面は厚紙にキルト綿を重ね布でくるむ。内面は厚紙を布でくるむ
- キルト綿
- 厚紙

③外面と内面を外表に合わせて周りをとじる

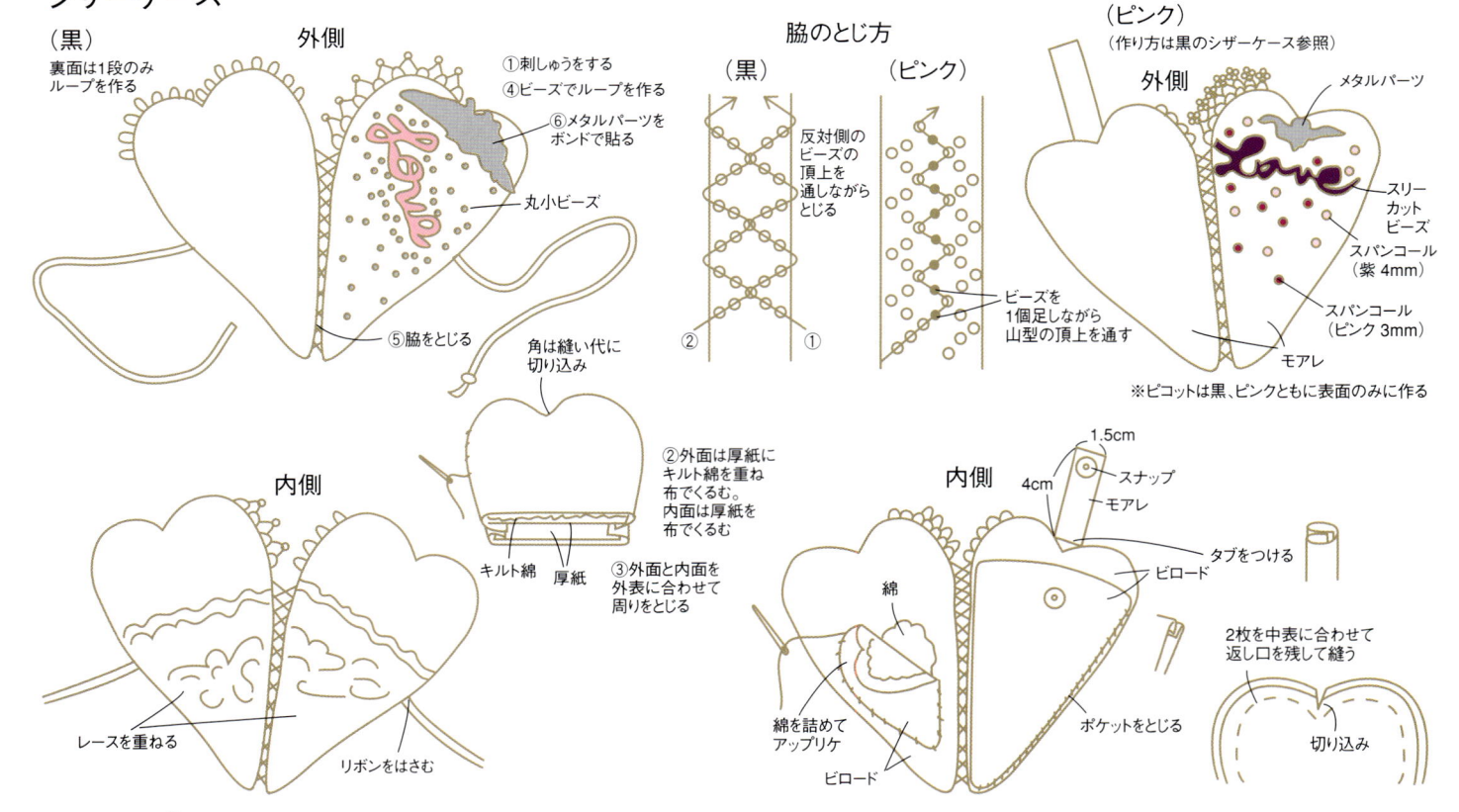

内側
- 綿
- 綿を詰めてアップリケ
- ビロード
- ポケットをとじる
- ビロード

1.5cm
4cm
- スナップ
- モアレ
- タブをつける
- ビロード

2枚を中表に合わせて返し口を残して縫う
- 切り込み

Angel's Garden

メジャーケース （作り方は44ページ参照）

（黒）
- メタルパーツ
- 刺しゅう
- 丸小ビーズ
- 周りにループを作る
- タッセルをつける

（ピンク）
- 周りにループを作る
- メタルパーツ
- ビーズ刺しゅう
- スリーカットビーズ
- スパンコール（紫 4mm）
- スパンコール（ピンク 3mm）

刺しゅうの図案

（黒）
チェーンステッチの中に六角小ビーズ（ピンク）を刺す

（ピンク）
2〜4個を連続して刺す

チェーンステッチ
1出 / 2入 / 3出 / 4入 / 5出 3

タッセルの作り方
- 厚紙 5cm
- 刺しゅう糸を巻く
- 結ぶ
- 1cm

実物大型紙

- シザーケース
- ピンクの内側ポケット
- ピンクのアップリケ
- メジャーケースの表面
- メジャーケースの底面
- ピンクッション
- 黒の刺しゅう（刺し子糸）
- ピンクの刺しゅう（ビーズ刺しゅう）

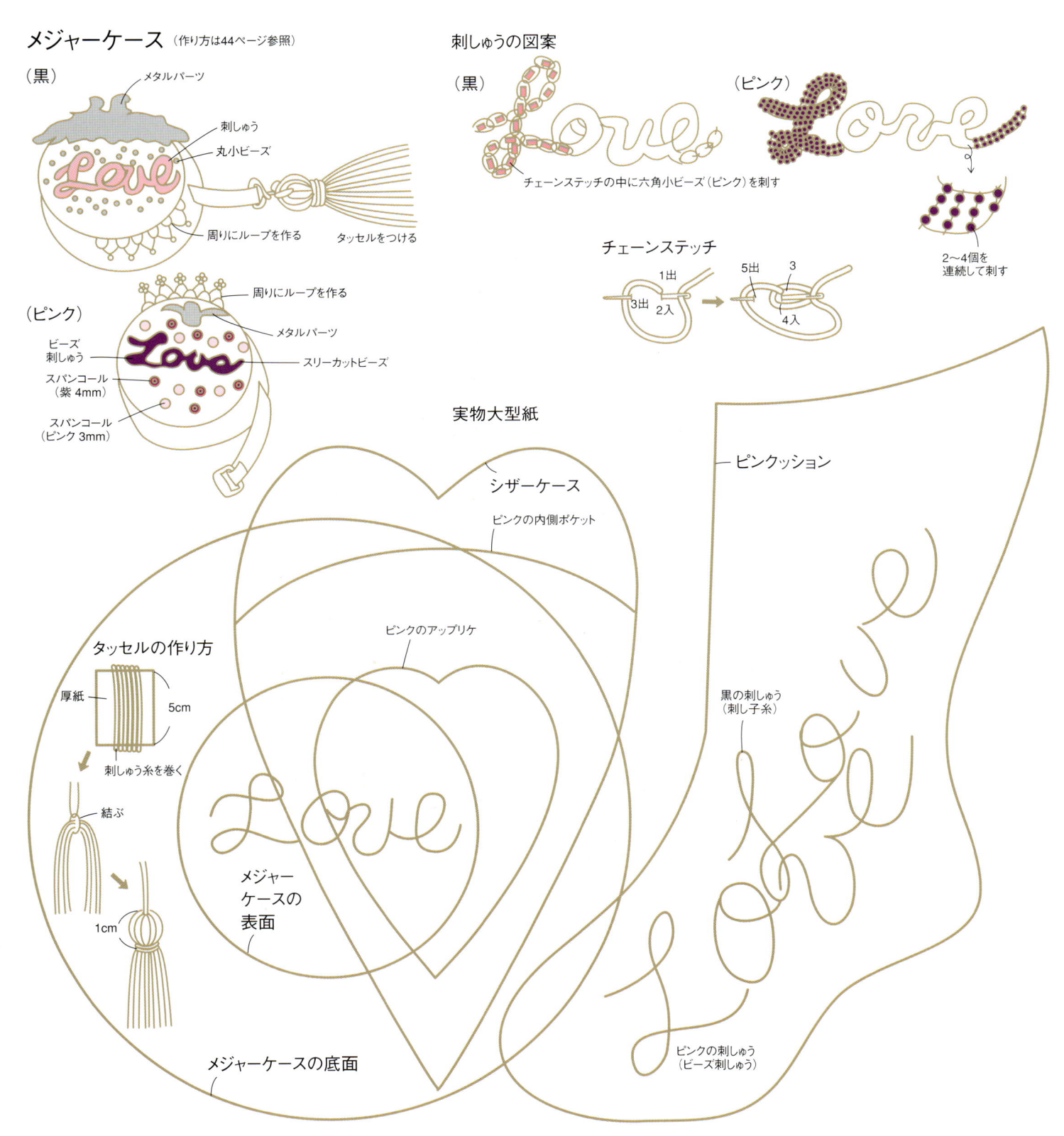

Modern

ネオ・ベネチアン・スタイルをよりモダンに軽快に。
カジュアルなシーンに欠かせないバッグを中心に、
お出かけや、ちょっとしたおよばれにも
ぴったりな作品たちです。

Modern
ベネチアの夕やみ
Venetian evening

のちのハンドバッグの原型となったオペラバッグ。
優雅な巾着型で、輝きのある強い色を
ブラックレースが引き締めています。
ドレスアップして観劇やコンサートを楽しむときなどに
最適な作品です。

● 本体布
ベロア（赤）60cm×60cm
モアレ（黒）70cm×60cm
● その他材料
六角小ビーズ（黒 トーホー 49）1パック
スリーカットビーズ（赤 トーホー CR5B）0.5パック
ファイアポリッシュビーズ（黒 4mm）25個
スパンコール（黒 6mm）120枚
コード（黒 2mm）160cm
レース（黒）30cm幅×60cm
厚紙 適量
［出来上がり寸法］直径16cm×高さ15cm

ビーズ刺しゅうの刺し方

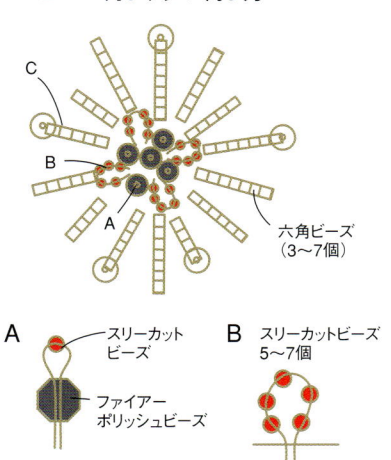

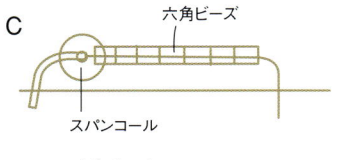

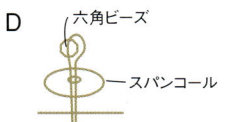

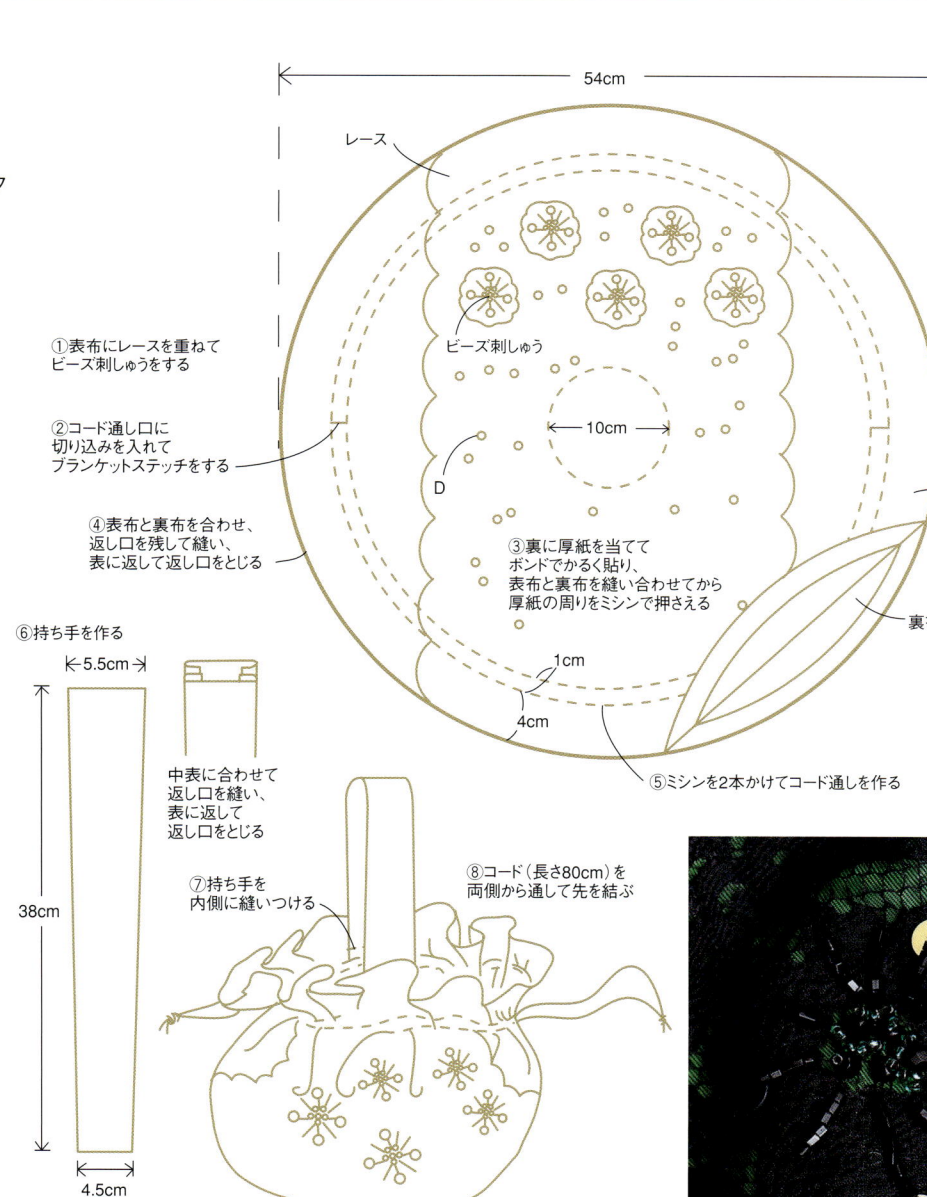

A スリーカットビーズ / ファイアーポリッシュビーズ
B スリーカットビーズ 5〜7個
C 六角ビーズ / スパンコール
D 六角ビーズ / スパンコール

① 表布にレースを重ねてビーズ刺しゅうをする
② コード通し口に切り込みを入れてブランケットステッチをする
③ 裏に厚紙を当ててボンドでかるく貼り、表布と裏布を縫い合わせてから厚紙の周りをミシンで押さえる
④ 表布と裏布を合わせ、返し口を残して縫い、表に返して返し口をとじる
⑤ ミシンを2本かけてコード通しを作る
⑥ 持ち手を作る
中表に合わせて返し口を縫い、表に返して返し口をとじる
⑦ 持ち手を内側に縫いつける
⑧ コード（長さ80cm）を両側から通して先を結ぶ

54cm / 10cm / 1cm / 4cm
レース / ビーズ刺しゅう / 表布 / 裏布
六角ビーズ（3〜7個）
5.5cm / 38cm / 4.5cm

天使のジュエリーケース
Angel's jewel case

60 *Angel's Garden*

天使のチョーカー
Angel's choker

Modern
天使のジュエリーケース
Angel's jewel case

モアレの布、ビーズ、ブレードと、いずれもシックな黒でまとめた小ぶりなジュエリーケース。アフターファイブ用にハンドバックにしのばせておくのもおしゃれです。金のエンジェルでアクセントを。トータルコーディネイトできるようにピンブローチも作ってみました。

〈ジュエリーケース〉
- ●本体布
- モアレ（黒）30cm×25cm
- ●その他 材料
- 六角小ビーズ（黒トーホー 49）0.5パック
- 一分竹ビーズ（黒トーホー 49）60個
- 二分竹ビーズ（白トーホー 122）5個
- スパンコール（ゴールド 6mm）2個
- スパンコール（星型6mm 黒）9個
- エンジェルのメタルパーツ（ゴールド）1個
- サテン（クリーム）30×20cm
- レース（白）6.5cm幅×15cm
- ブレード（黒）0.8cm幅×70cm
- コードブレード（黒）1cm幅×20cm
- キルト綿 15×25cm
- リボン（黒×クリーム）、モール（黒）各適量
- スナップ 4組

［出来上がり寸法］14cm×10cm

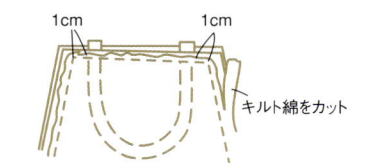

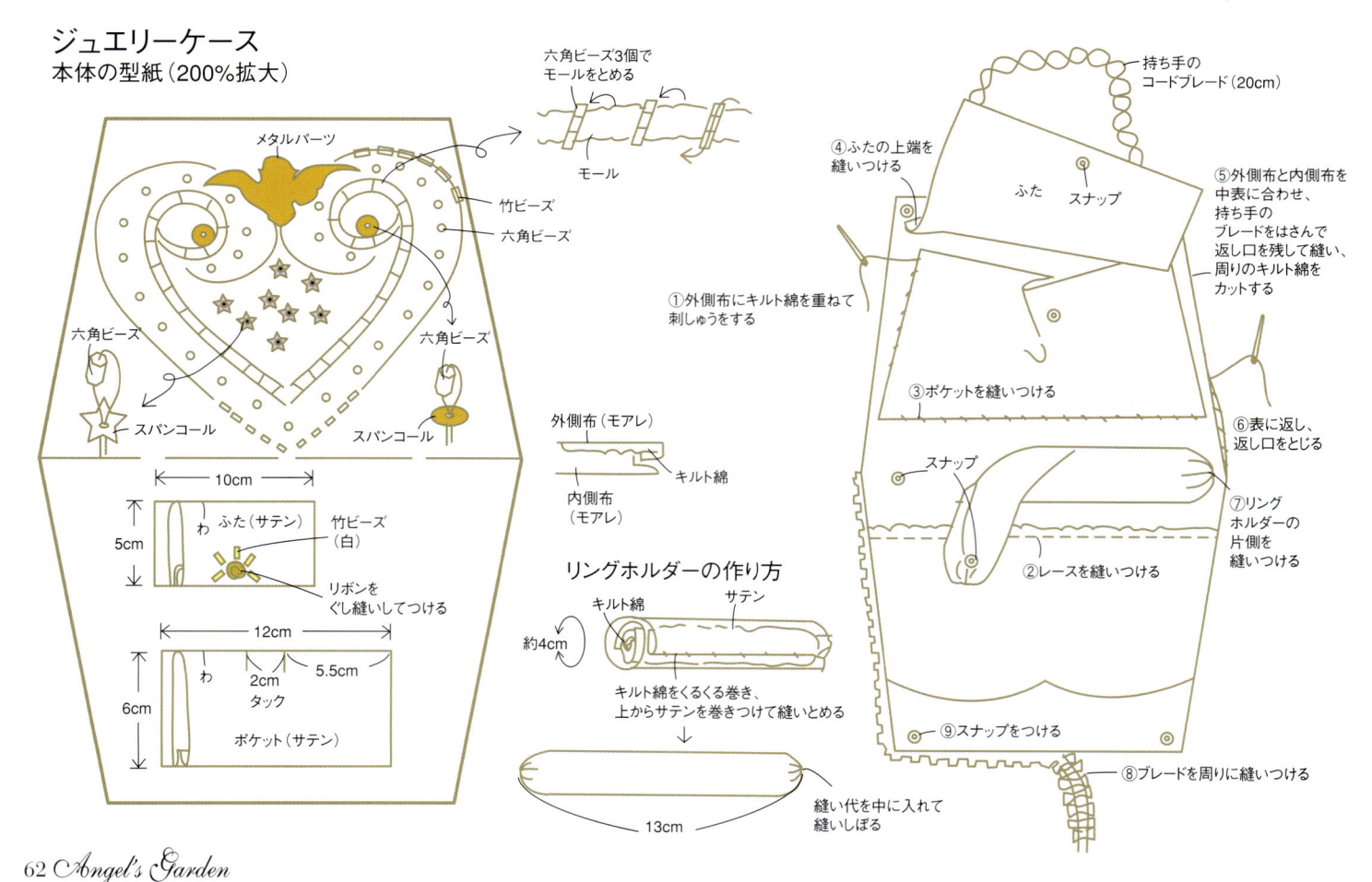

ジュエリーケース
本体の型紙（200％拡大）

（型紙図：メタルパーツ、竹ビーズ、六角ビーズ、スパンコール）

ふた（サテン）10cm × 5cm、竹ビーズ（白）、リボンをぐし縫いしてつける

ポケット（サテン）12cm × 6cm、2cmタック、5.5cm、わ

六角ビーズ3個でモールをとめる／ブレード／モール／竹ビーズ／六角ビーズ

外側布（モアレ）／キルト綿／内側布（モアレ）

リングホルダーの作り方
キルト綿／サテン／約4cm
キルト綿をくるくる巻き、上からサテンを巻きつけて縫いとめる
13cm／縫い代を中に入れて縫いしぼる

1cm／1cm／キルト綿をカット

持ち手のコードブレード（20cm）／ふた／スナップ

① 外側布にキルト綿を重ねて刺しゅうをする
② レースを縫いつける
③ ポケットを縫いつける
④ ふたの上端を縫いつける
⑤ 外側布と内側布を中表に合わせ、持ち手のブレードをはさんで返し口を残して縫い、周りのキルト綿をカットする
⑥ 表に返し、返し口をとじる
⑦ リングホルダーの片側を縫いつける
⑧ ブレードを周りに縫いつける
⑨ スナップをつける

Angel's Garden

Modern
天使のチョーカー
Angel's choker

簡単なピコットのつくり方で、全面をオニキスビーズで埋めた上品なチョーカー。シンプルな装いにも合わせやすい作品です。

〈ピンブローチ〉
● 本体布
ストレッチベロア（黒）10cm×5cm
● その他材料
六角小ビーズ（黒トーホー 49）0.5パック
スパンコール（星型6mm 黒）4個
エンジェルのメタルパーツ（ゴールド）1個
ピンブローチ（ゴールド）1本
厚紙 適量
[出来上がり寸法] 4cm×11cm（ピンの長さ含む）

〈天使のチョーカー〉
● 本体布
フェルト（黒）5cm×5cm
合成皮革（黒）5cm×5cm
● その他材料
丸小ビーズ（黒トーホー 49）2.5パック
丸大ビーズ（黒トーホー 49）10個
特小ビーズ（ゴールド トーホー221）32個
ファイアポリッシュビーズ
（赤 3mm）12個
（赤 4mm）1個
スワロフスキービーズ
（薄グレー 丸型 8mm）1個
（黒 ソロバン型 4mm）32個
（黒 しずく型 6×13mm）3個
ベネチアングラスビーズ（黒 8mm）2個
ポーセリン（陶器製）パーツ（1.8cm×1.3cm）1個
エンジェルのメタルパーツ（ゴールド）1個
とめ金具（ゴールド）1組
[出来上がり寸法] 本体4.5cm×15cm（ストラップ36cm）

ピンブローチ
本体の実物大型紙
チョーカー
フリンジ
本体の実物大型紙
A 上端のループ
B 周りのビーズ

ベネチアの小バラ
Venetian mini rose

64 *Angel's Garden*

ベネチアの週末
weekend in Venice

65

Modern

ベネチアの小バラ
Venetian mini rose

ゴブランの模様に刺したビーズが、高級感をかもし出すミニバッグ。
ミニサイズなのでさまざまな用途に使えて便利です。
バラの形に布地を切り取って、手持ちのマフラーなどにおそろいの刺しゅうをしてみてもいいでしょう。

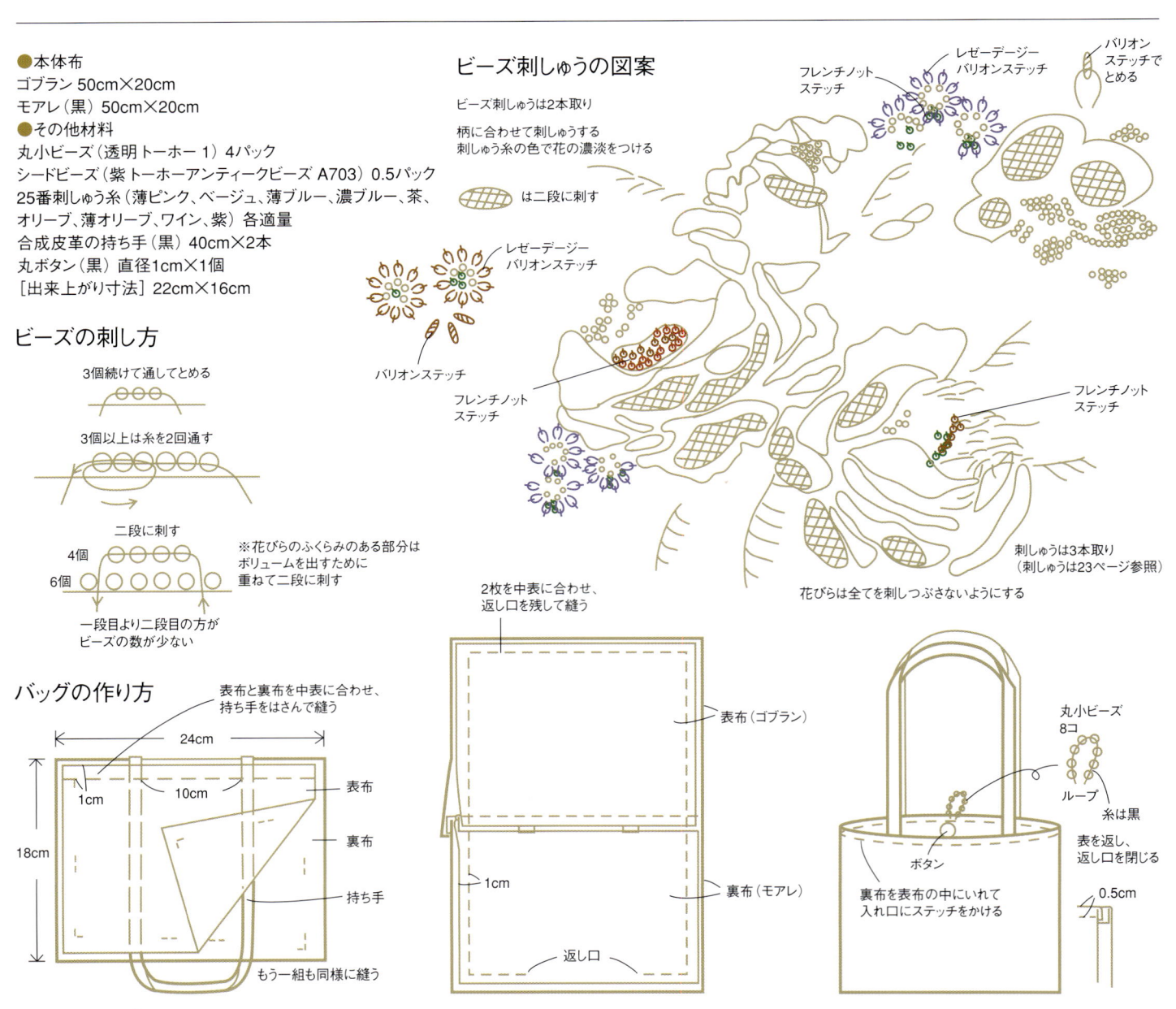

- ●本体布
- ゴブラン 50cm×20cm
- モアレ（黒）50cm×20cm
- ●その他材料
- 丸小ビーズ（透明 トーホー 1）4パック
- シードビーズ（紫 トーホーアンティークビーズ A703）0.5パック
- 25番刺しゅう糸（薄ピンク、ベージュ、薄ブルー、濃ブルー、茶、オリーブ、薄オリーブ、ワイン、紫）各適量
- 合成皮革の持ち手（黒）40cm×2本
- 丸ボタン（黒）直径1cm×1個
- ［出来上がり寸法］22cm×16cm

ビーズ刺しゅうの図案

ビーズ刺しゅうは2本取り
柄に合わせて刺しゅうする
刺しゅう糸の色で花の濃淡をつける

○ は二段に刺す

- レゼーデージー
- バリオンステッチ
- フレンチノットステッチ
- バリオンステッチでとめる

花びらは全てを刺しつぶさないようにする
刺しゅうは3本取り（刺しゅうは23ページ参照）

ビーズの刺し方

3個続けて通してとめる
3個以上は糸を2回通す
二段に刺す
4個 / 6個
一段目より二段目の方がビーズの数が少ない

※花びらのふくらみのある部分はボリュームを出すために重ねて二段に刺す

バッグの作り方

表布と裏布を中表に合わせ、持ち手をはさんで縫う
24cm / 10cm / 1cm / 18cm
表布 / 裏布 / 持ち手
もう一組も同様に縫う

2枚を中表に合わせ、返し口を残して縫う
表布（ゴブラン）
裏布（モアレ）
1cm
返し口

裏布を表布の中にいれて入れ口にステッチをかける
ボタン
丸小ビーズ 8コ
ループ
糸は黒
表を返し、返し口を閉じる
0.5cm

Modern
ベネチアの週末
weekend in Venice

べっ甲タイプの持ち手が、
とてもチャーミングなバッグ。
手ごろな大きさなので、
お出かけ用から週末の散策まで
日常のあらゆるシーンで活躍しそうです。

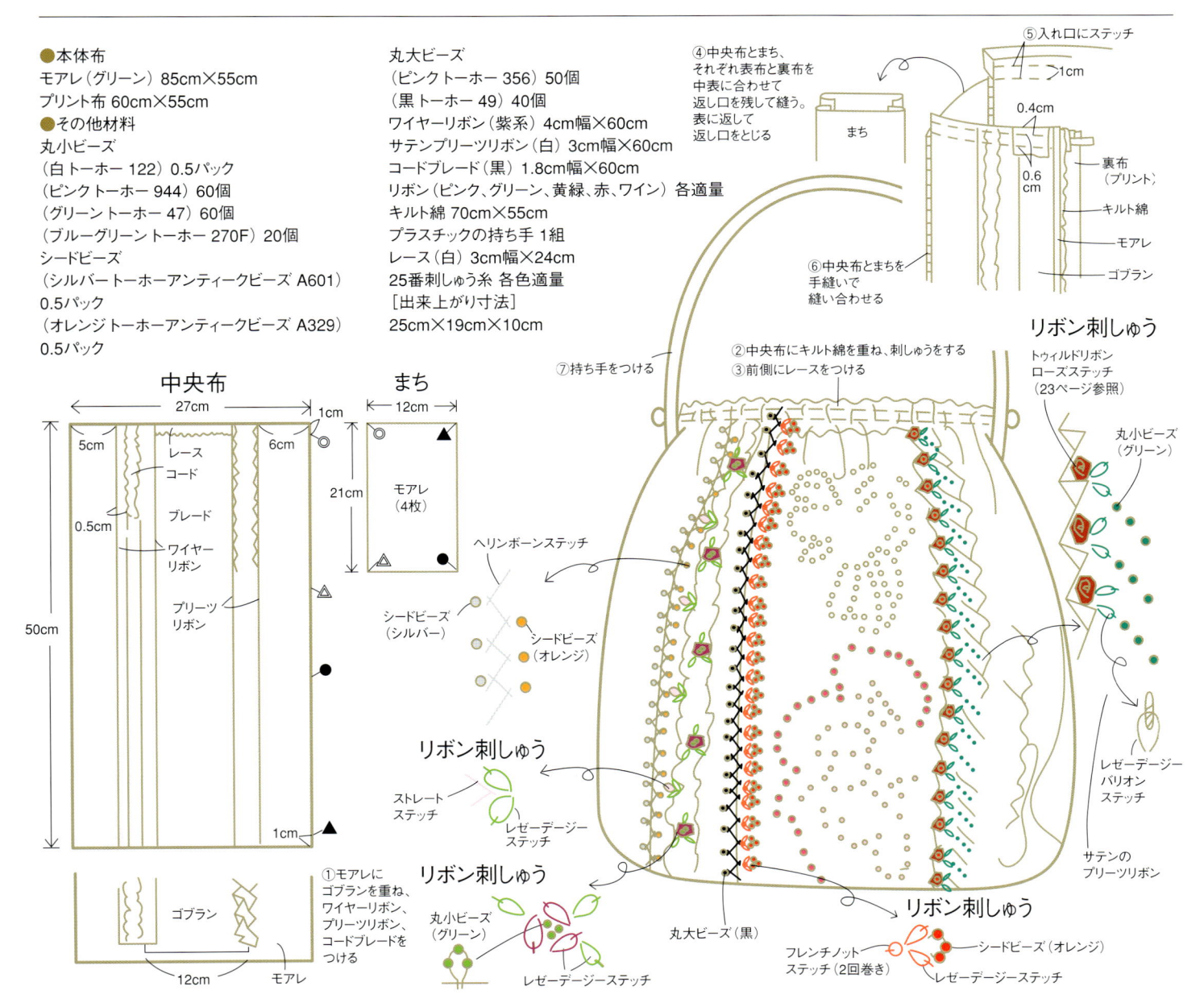

●本体布
モアレ（グリーン）85cm×55cm
プリント布 60cm×55cm
●その他材料
丸小ビーズ
（白トーホー 122）0.5パック
（ピンクトーホー 944）60個
（グリーントーホー 47）60個
（ブルーグリーントーホー 270F）20個
シードビーズ
（シルバートーホーアンティークビーズ A601）
0.5パック
（オレンジトーホーアンティークビーズ A329）
0.5パック

丸大ビーズ
（ピンクトーホー 356）50個
（黒トーホー 49）40個
ワイヤーリボン（紫系）4cm幅×60cm
サテンプリーツリボン（白）3cm幅×60cm
コードブレード（黒）1.8cm幅×60cm
リボン（ピンク、グリーン、黄緑、赤、ワイン）各適量
キルト綿 70cm×55cm
プラスチックの持ち手 1組
レース（白）3cm幅×24cm
25番刺しゅう糸 各色適量
［出来上がり寸法］
25cm×19cm×10cm

④中央布とまち、
それぞれ表布と裏布を
中表に合わせて
返し口を残して縫う。
表に返して
返し口をとじる

⑤入れ口にステッチ

まち

裏布（プリント）
キルト綿
モアレ
ゴブラン

⑥中央布とまちを
手縫いで
縫い合わせる

リボン刺しゅう
トゥウィルドリボン
ローズステッチ
（23ページ参照）

丸小ビーズ（グリーン）

⑦持ち手をつける

②中央布にキルト綿を重ね、刺しゅうをする
③前側にレースをつける

中央布
27cm 1cm
5cm レース 6cm
 コード
0.5cm ブレード
 ワイヤーリボン
50cm
 プリーツリボン

まち
12cm
21cm
モアレ
（4枚）

ヘリンボーンステッチ
シードビーズ（シルバー）
シードビーズ（オレンジ）

リボン刺しゅう
ストレートステッチ
レゼーデージーステッチ

リボン刺しゅう
丸小ビーズ（グリーン）
レゼーデージーステッチ

丸大ビーズ（黒）

リボン刺しゅう
フレンチノットステッチ（2回巻き）
シードビーズ（オレンジ）
レゼーデージーステッチ

レゼーデージー
バリオン
ステッチ

サテンの
プリーツリボン

①モアレに
ゴブランを重ね、
ワイヤーリボン、
プリーツリボン、
コードブレードを
つける

ゴブラン
12cm
モアレ

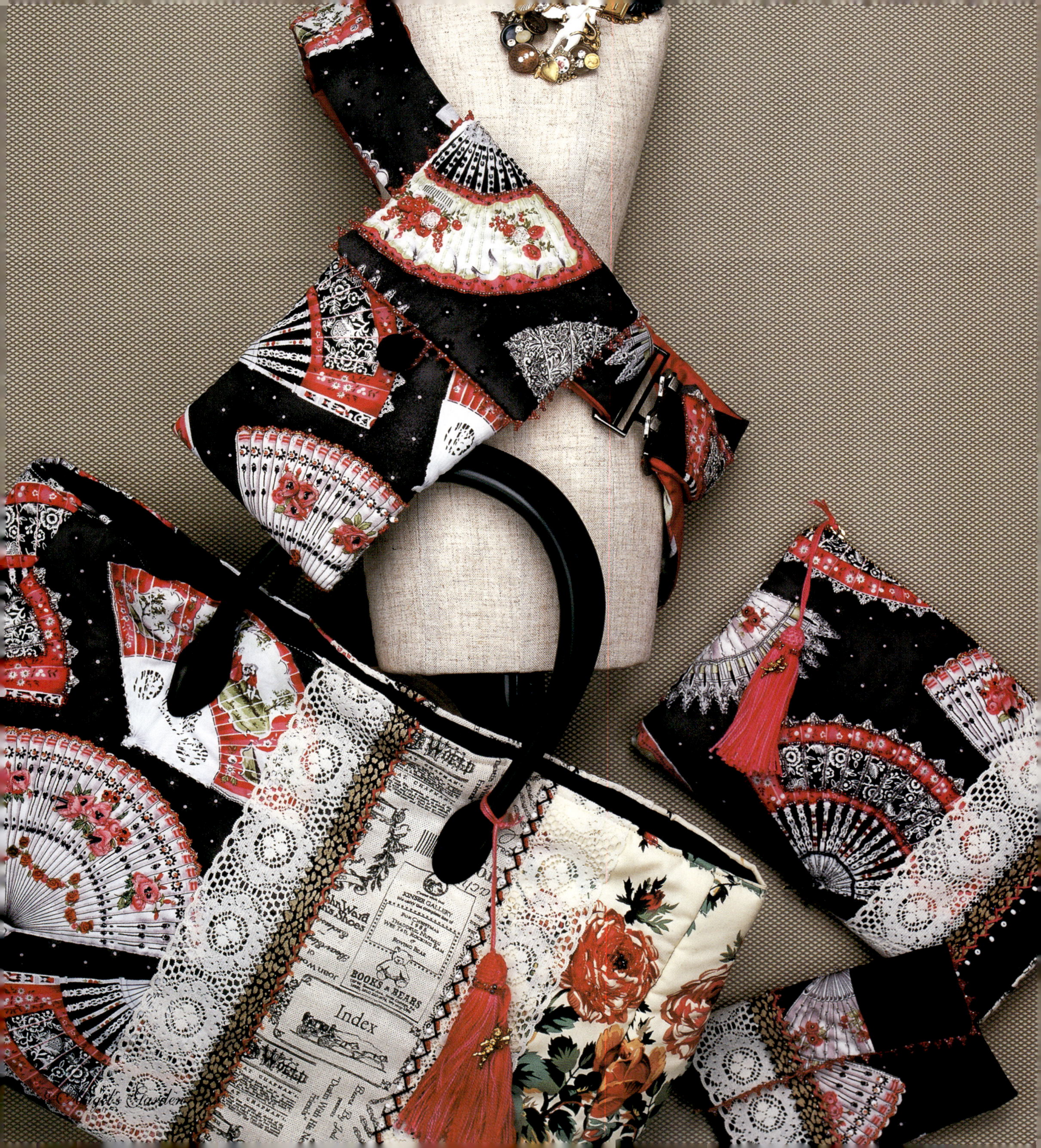
BOOKS & BEARS
Index

Modern
ベネチアの休日
holiday in Venice

一泊旅行や海外でのお買い物にぴったりな大型のバッグ。
ベルトポーチは携帯電話にちょうどいいサイズです。
おそろいの布で
小さなバッグも作ってみました。
それぞれにタッセルをつけて。
ベネチアの小径を颯爽と……。

<タッセル>
● 材料
5番刺しゅう糸（段染めの赤 DMC 107）1束
スリーカットビーズ（赤 トーホー CR798）60個
丸大ビーズ（茶 トーホー 244）8個
エンジェルのメタルパーツ（ゴールド）1個
［出来上がり寸法］直径1.5cm×長さ11cm

ブランケットステッチ

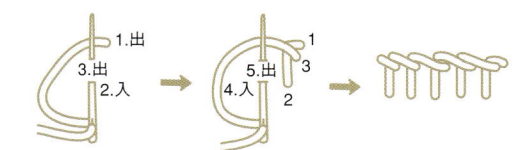

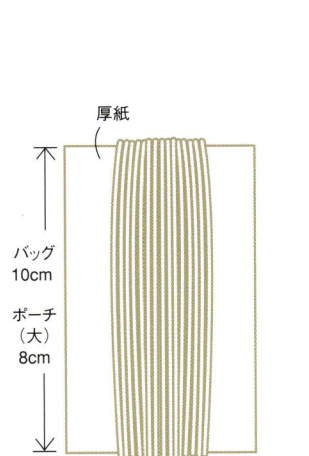

1.出 / 2.入 / 3.出 → 1 / 2 / 3 / 4.入 / 5.出

厚紙
バッグ 10cm
ポーチ（大）8cm

刺しゅう糸を厚紙に巻く

上側を共糸（30〜20cm）2本で結び、上端を結ぶ

厚紙をはずし、下側を切りそろえる

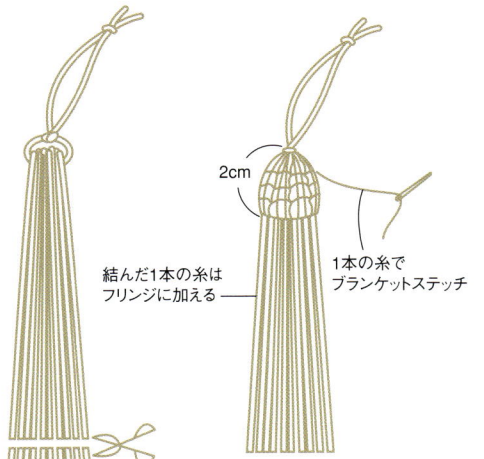

上から2cmのところを共糸（150cm）で結び、1本に針を通し、ブランケットステッチを上まで刺す
結んだ1本の糸はフリンジに加える
1本の糸でブランケットステッチ

結んだ位置にビーズを通してメタルパーツをつける
ビーズを通す
スタート
終わり
丸大ビーズ
メタルパーツ
スリーカットビーズ

Modern

ベネチアの休日
holiday in Venice

〈トートバッグ〉
● 本体布
扇柄布 40cm×70cm
バラ柄布 25cm×70cm
英文字布 15cm×70cm
モアレ（黒）70×70cm
● その他材料
丸小ビーズ
（透明 トーホー 1）0.5パック
（オレンジ トーホー 388）0.5パック
（くすんだオレンジ トーホー 764）0.5パック
（黒 トーホー 49）0.5パック

スリーカットビーズ
（赤 トーホー CR5B）0.5パック
（紫 トーホー CR356）60個
丸大ビーズ（白 トーホー 41）30個
六角大ビーズ（シルバー トーホー 21）6個
一分竹ビーズ（シルバーブルー トーホー 23）50個
二分竹ビーズ（黒 トーホー 49）4個
キルト綿 70cm×70cm
レース（クリーム）5cm幅×140cm
スエードテープ（ヒョウ柄）1.6cm幅×70cm
リボン（オレンジ系、グリーン系 4mm幅、ピンク系 6mm幅）各適量
フェルト（黒）、25番刺しゅう糸、5番刺しゅう糸 各適量
皮の持ち手 48cm 2本
［出来上がり寸法］40cm×28cm×12cm

刺しゅうの図案

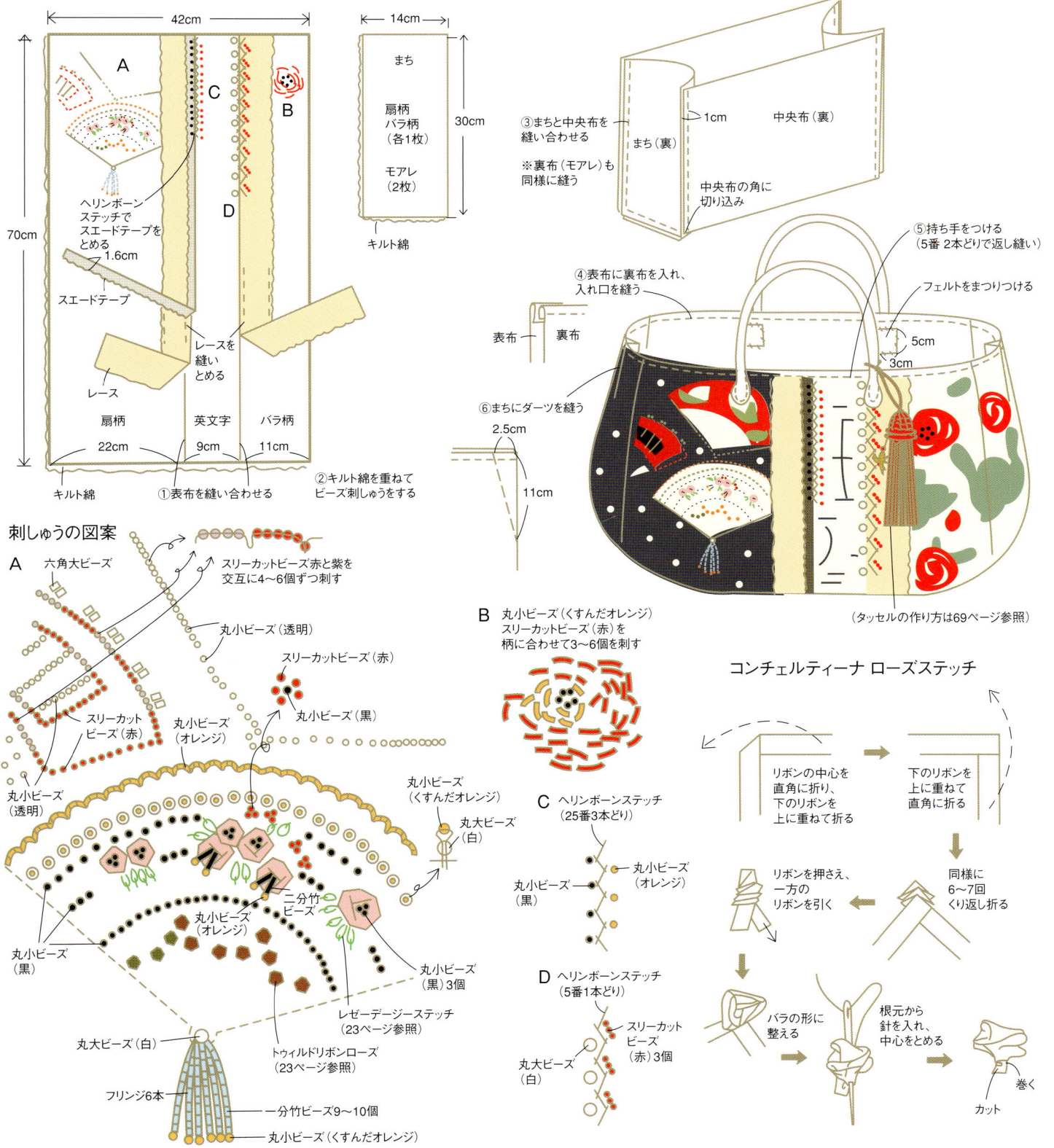

A
- 六角大ビーズ
- スリーカットビーズ赤と紫を交互に4〜6個ずつ刺す
- 丸小ビーズ（透明）
- スリーカットビーズ（赤）
- 丸小ビーズ（黒）
- 丸小ビーズ（オレンジ）
- 丸小ビーズ（透明）
- スリーカットビーズ（赤）
- 丸小ビーズ（オレンジ）
- 丸小ビーズ（黒）
- 丸小ビーズ（くすんだオレンジ）
- 丸大ビーズ（白）
- 二分竹ビーズ
- 丸小ビーズ（黒）3個
- レゼーデージーステッチ（23ページ参照）
- トゥイルドリボンローズ（23ページ参照）
- 丸大ビーズ（白）
- フリンジ6本
- 一分竹ビーズ9〜10個
- 丸小ビーズ（くすんだオレンジ）

B
丸小ビーズ（くすんだオレンジ）
スリーカットビーズ（赤）を柄に合わせて3〜6個を刺す

C
ヘリンボーンステッチ（25番3本どり）
- 丸小ビーズ（黒）
- 丸小ビーズ（オレンジ）

D
ヘリンボーンステッチ（5番1本どり）
- スリーカットビーズ（赤）3個
- 丸大ビーズ（白）

寸法図

- 42cm / 70cm
- A / C / B / D
- ヘリンボーンステッチでスエードテープをとめる
- 1.6cm
- スエードテープ
- レース
- レースを縫いとめる
- 扇柄 22cm / 英文字 9cm / バラ柄 11cm
- キルト綿
- ①表布を縫い合わせる
- ②キルト綿を重ねてビーズ刺しゅうをする

まち
- 14cm × 30cm
- 扇柄 バラ柄（各1枚）
- モアレ（2枚）
- キルト綿

組み立て

- ③まちと中央布を縫い合わせる
- ※裏布（モアレ）も同様に縫う
- 1cm
- 中央布（裏）
- まち（裏）
- 中央布の角に切り込み

- ④表布に裏布を入れ、入れ口を縫う
- 表布 / 裏布

- ⑤持ち手をつける（5番 2本どりで返し縫い）
- フェルトをまつりつける
- 5cm / 3cm

- ⑥まちにダーツを縫う
- 2.5cm / 11cm

（タッセルの作り方は69ページ参照）

コンチェルティーナ ローズステッチ

- リボンの中心を直角に折り、下のリボンを上に重ねて折る
- 下のリボンを上に重ねて直角に折る
- 同様に6〜7回くり返し折る
- リボンを押さえ、一方のリボンを引く
- バラの形に整える
- 根元から針を入れ、中心をとめる
- 巻く
- カット

Modern

ベネチアの休日
holiday in Venice

〈ポーチ（大）〉
●本体布
扇柄布 25cm×40cm
モアレ（黒）10cm×40cm
英文字布 5cm×40cm
モアレ（エンジ）30cm×40cm
●その他材料
丸小ビーズ
（透明 トーホー 1）1パック
（オレンジ トーホー 388）40個
（黒 トーホー 49）20個
（メタリックグリーン トーホー 83）2個
スリーカットビーズ
（赤 トーホー CR5B）0.5パック
（紫 トーホー CR356）0.5パック
丸大ビーズ
（白 トーホー 41）40個
（べっ甲色）40個
六角大ビーズ（シルバー トーホー 21）20個
六角小ビーズ（黒 トーホー 49）30個
二分竹ビーズ（黒 トーホー 49）15個
キルト綿 30cm×40cm
レース（クリーム）5cm幅×40cm
スエードテープ（ヒョウ柄）1.6cm幅×40cm
刺しゅう用リボン（ピンク系 6mm幅）適量
25番刺しゅう糸 適量
ファスナー 26cm
［出来上がり寸法］26cm×17cm

〈ポーチ（小）〉
●本体布
扇柄布 10cm×30cm
モアレ（黒）20cm×30cm
モアレ（エンジ）20cm×30cm
●その他材料
丸小ビーズ
（透明 トーホー 1）80個
（オレンジ トーホー 388）60個
（黒 トーホー 49）60個
（メタリックグリーン トーホー 83）2個
スリーカットビーズ（赤 トーホー CR5B）0.5パック
丸大ビーズ
（白 トーホー 41）7個
（べっ甲色）35個
レース（クリーム）5cm幅×30cm
スエードテープ（ヒョウ柄）1.6cm幅×30cm
25番刺しゅう糸 適量
［出来上がり寸法］16cm×10cm

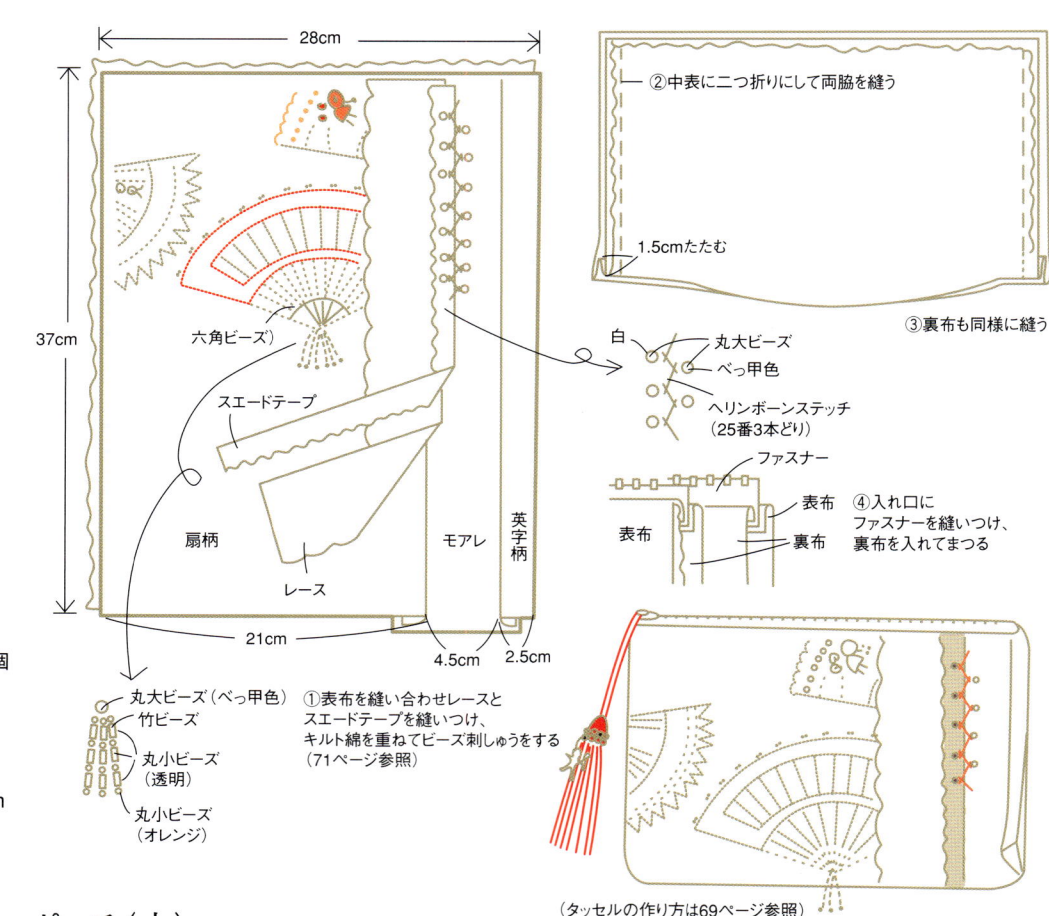

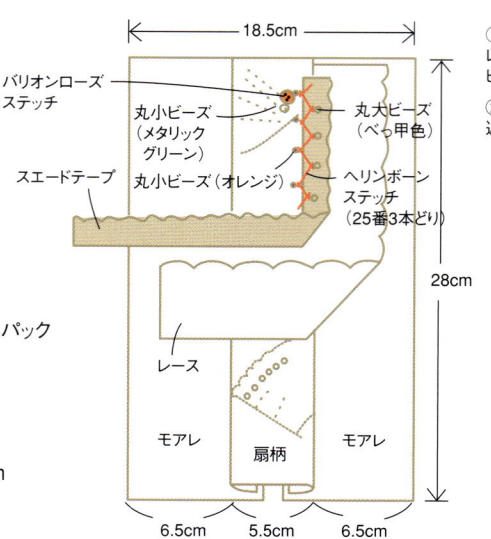

Angel's Garden

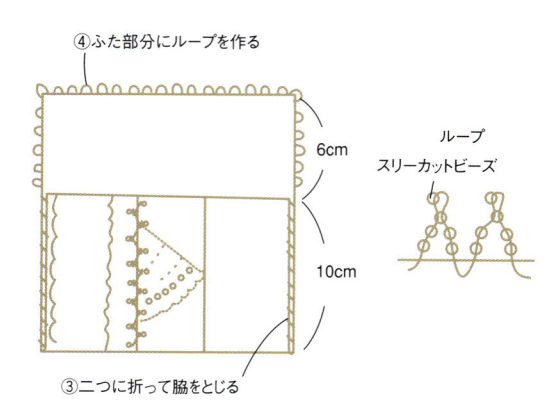

〈ベルトポーチ〉
●本体布
扇柄布 100cm×60cm
モアレ（エンジ）100cm×60cm
●その他 材料
丸小ビーズ
（透明 トーホー 1）1パック
（オレンジ トーホー 388）0.5パック
（くすんだオレンジ トーホー 764）0.5パック
スリーカットビーズ
（赤 トーホー CR5B）1パック
（紫 トーホー CR356）0.5パック

丸大ビーズ
（白 トーホー 41）25個
（べっ甲色）40個
六角大ビーズ（シルバー トーホー 21）25個
六角小ビーズ（黒 トーホー 49）80個
キルト綿 100cm×60cm
リボン（オレンジ系 4mm幅、ピンク系 6mm幅）各適量
バックル 1組
［出来上がり寸法］ベルト 長さ約98cm ポーチ 12cm×22cm

ベルトの作り方

①表布にキルト綿を重ねてビーズ刺しゅうをする

③バックルをつける

キルト綿
裏布
表布

②表布と裏布を中表に合わせ、
返し口を残して縫い、
表に返して返し口をとじる

わ
返し口
ベルト本体の型紙
（200％の型紙）

ポーチの作り方

①表布にキルト綿を重ねて
ビーズ刺しゅうをする
（71ページ参照）

14.5cm

表布
キルト綿

コンチェルティーナ
ローズステッチ
（71ページ参照）

50cm

表布
キルト綿
裏布

7cm
返し口

②表布と裏布を中表に合わせ、
返し口を残して縫い、
表に返して返し口をとじる

⑤ベルト通しを作る
（針目が表に
出ないように縫う）

6.5cm
11cm
4.5cm

③ふたにループを
22cmつくる
（72ページ参照）

ボタン
ループ
ボタン

15cm

④脇をとじる

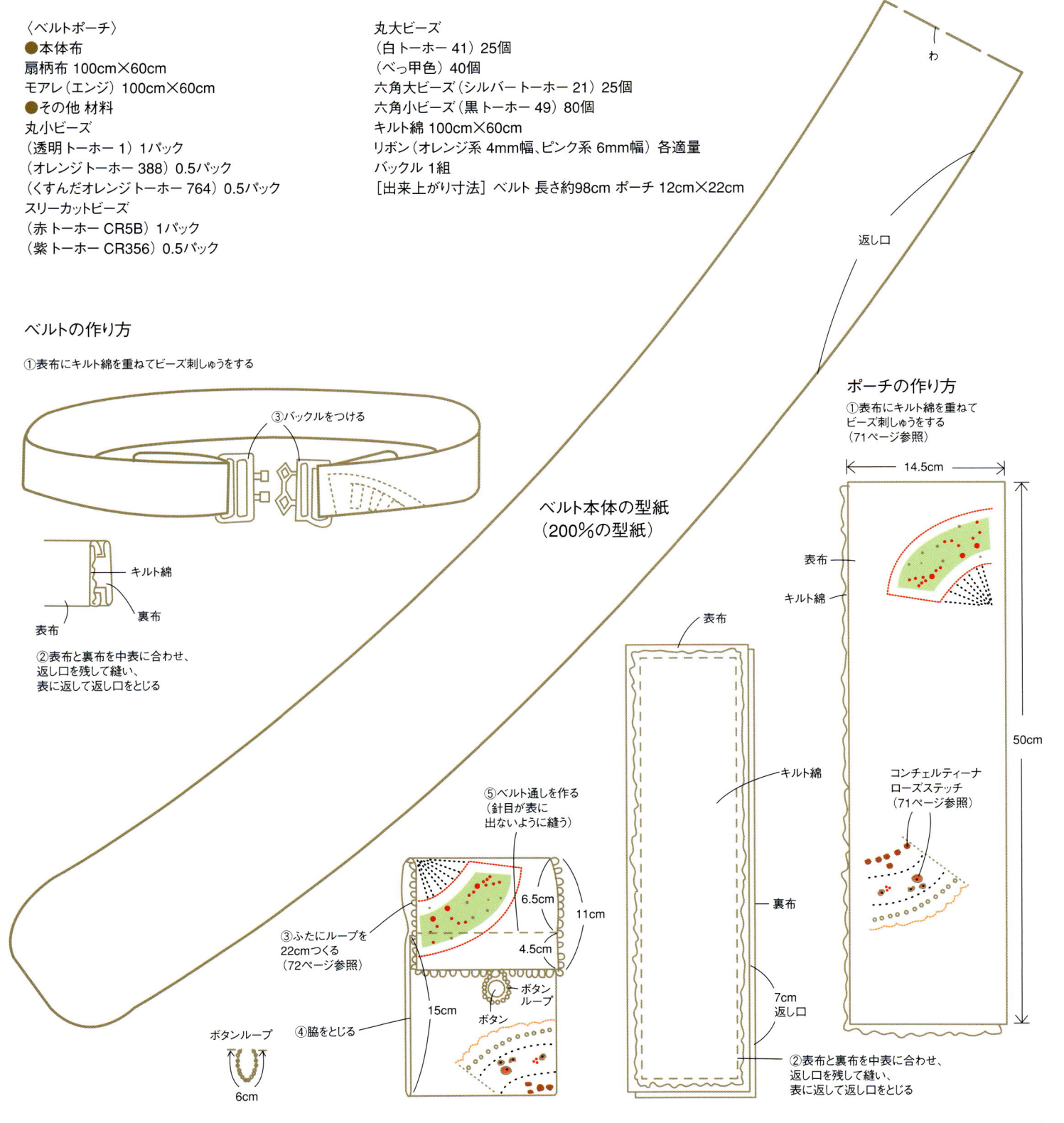

ボタンループ
6cm

essay

大切にしている ニードルワーク用具

　子供のころからステーショナリーが好きで、特にはさみが大好きでした。文房具好きの父が、外国製の素敵なはさみを大事に使っているのを子供心に「素敵な道具だな」と思っていました。その父の影響で、「これは紙用、これは布用」と用途別に使い分けていたほどです。

　今でも仕事用のはさみは必ず布用、糸切り用、ラメの糸切り用、紙用、フェルト・キルト綿用と分けています。これをしっかり守ることで、作品の仕上がりもきれいになりますし、はさみも長持ちします。

　私の大のお気に入りは、右の写真にある持ち手が珍しいアニマルプリント柄で、*gingher*製のもの。おしゃれで使いやすく大切にしています。お手入れは欠かさず行い、使用後は丁寧にシザーケースに納めておきます。そんなことから私が作るニードルワークツール作品にもよくシザーケースが登場します。

　ピンクッションも大好きなものの一つで、よく作ります。ティーカップにいろいろなオーナメントをアレンジして作ったピンクション（写真右）は、ティーカップのデザインも自分でし、ひとつひとつ注文で焼いていただいたものをピンクッションに仕立てています。柄もエンジェル、サンタクロースなど一年を通じていろいろな柄をデザインしました。またこの本に登場する直径2.5センチほどのかわいいピンクッションは、ボトルキャップを底に入れて丈夫にしています。いろいろな布との組み合わせで手軽に違った雰囲気が楽しめるおすすめ作品です。

　大きな作品にも、小さな作品にも欠かせない道具がミシンです。何十年もの間、いろいろなものを使ってきましたが、行きついたミシンはスイスのベルニナ社製のもの。*holidaynu1240*と最新のアーティスタ*200*の2台を特にヘビーローテーションで使用し、特にアーティスタ*200*は、本書の表紙、表紙裏作品の撮影バックにも掲載した『天使の回廊』キルトにも使用している蝶のレースなどを、さまざまなレースのパターンデータが入ったCD-ROMをミシンに組み込まれたコンピューターにセットして作りました。自分でオリジナルのデザインも作れますし、セッティングしておけば、オートマチックにミシンが作ってくれる現代的な機能も付いています。こういった合理的な部分と手仕事の細かさの両面が現代の手作りに求められるものではないでしょうか。

私が大切にしている手芸用具 アニマル柄のはさみはいちばんのお気に入り

Gallery

私がものづくりをしてきた人生の中で、エポックとなった作品を
そのディテイルとともにご紹介いたします。

Gallery

[天使の花園]
Angel's Garden

Gallery

［天使の宴（うたげ）］
Angel's Party

Gallery

［天使の宮殿］
Angel's Court

epilogue

　*Angel's Garden*の世界を充分ご堪能いただけましたでしょうか。

　私は、どちらかというと家にいることが好きで、意を決しないと外出しないタイプです。まず、家族のことが優先で、お料理をつくり、ゲストをもてなすことも大好きです。お仕事と手芸の優先順位はその次です。そういう生活感というもの、そして創作の世界では感覚を飛躍させること、その両面のバランスが重要だと感じています。

"Angel's Garden"
このキルトは、私の作品の原点です。
1997年のアメリカ・ヒューストンIQAキルトフェスティバル、ミックスメディア部門に入選しました

　作品をつくるときも依頼があってつくることがほとんどです。人生を振り返ると人との出会いがきっかけでチャンスになることが多いようです。本書の表紙裏に掲載しているドレス2作品も、あるアメリカ人の方との出会いが発端でした。彼女はたまたま私が着ていた自作のドレスとパーティーバッグを気に入り、作品を依頼してくれました。この女性との出会いがなければ、今の私がないといっても過言ではありません。

　常に目標をすえて、少し自分には難しい上のレベルを設定して、今より少しでも上を目指すことがとても重要だと考えています。もの作りやプロジェクトの過程で、これで終わりというラインを引かず、さらに飛躍させ、現在の2年、3年先を考えます。依頼されたことは断らず、極力実現し、何とか最後までこぎつけることを自分に課しています。そうすることで初めて信頼関係が築けるのだと信じています。

　本書の作品は、見た目はゴージャスでも技法はそんなに難しくありません。どうぞ皆さん、気に入ったものから作っていってください。そして必ずしも同じ布や、同じモチーフでなくともよいのです。自分の感性を解き放って、お好きにお作りください。自分だけの世界が少しずつ出来あがっていくプロセスの喜びは何ものにも代えがたいものです。そんなあなたの手作りライフに少しでもお役に立てれば幸いです。

　最後に私に多大な影響を与えた両親、祖父母、そして常に支えてくれる主人、かけがえのない息子たち、いつも安らぎを与えてくれる愛犬チェリーとラブ、そしてこの方との出会いがなければ、決してこの本ができなかった斉藤亢カメラマン、スタッフの方々と、これまでに出会い私を応援してくれたすべての方々に感謝を捧げたいと思います。

profile

Mariko Seto
瀬戸まり子

手芸作家。東京都在住。東洋英和女学院英文専攻科卒。Angel's Garden by Mari Seto主宰。飯田深雪アートフラワー、ふしぎな花倶楽部押し花、デコパージュの講師資格を持つ。またキルト、ビーズ、リボン刺繍、タッティングレースなど多くの手芸に携わる。アメリカ・フェアフィールド社の招待作家として'99年から'01年までウェアブルキルト作品を全米ファッションショーに出品する。この2作品は本書表紙折り返しに掲載している。現在小社クリエーターズ・ギルド企画室長として百貨店をはじめさまざまな催事企画・販売の総合プロデュースを手がける。アメリカのキルト専門誌『QUILTER'S NEWSLETTER MAGAZINE』、小社専門誌『キルトジャパン』『Tik Tik』に作品を発表する。

[ご提供いただいた会社]（50音順）
- 株式会社 ヴィーム
  〒108-0023 東京都港区芝浦3-6-5オカザキ芝浦ビル2F
  TEL:03-5439-6578
- 株式会社 亀島商店
  〒542-0085 大阪府大阪市中央区心斎橋筋1-4-23
  TEL:06-6245-2000
- 金亀糸業 株式会社
  〒103-0004 東京都中央区東日本橋1-2-15
  TEL:03-5687-8511
- クロバー 株式会社
  〒537-0025 大阪府大阪市東成区中道3-15-5
  TEL:06-6978-2277
- 株式会社 ヂヤンテイ
  〒111-0052 東京都台東区柳橋2-8-1
  TEL:03-5687-3712
- ディー・エム・シー 株式会社
  〒101-0035 東京都千代田区神田紺屋町13番地 山東ビル7F　TEL:03-5296-7831
- トーホー 株式会社
  〒733-0003 広島県広島市西区三條町2丁目19-6
  TEL:082-237-5151
- 株式会社 ベルニナジャパン
  〒210-0005 神奈川県川崎市川崎区東田町8番地 三井ビル1601　TEL:044-210-5757
- 株式会社 木馬
  〒111-8518 東京都台東区蔵前4-16-8
  TEL:03-3864-1408
- Copyright ©2004 by RUBBER STAMPEDE,Inc. Whittier,California,USA
  http://www.rubberstampede.com

エンジェルズ・ガーデン
発行日／2004年10月1日
著者／瀬戸まり子
発行人／瀬戸信昭　編集人／森慎子
発行所／株式会社日本ヴォーグ社
〒162-8705　東京都新宿区市谷本村町3-23
電話　販売／03-5261-5081　編集／03-5261-5083
振替／00170-4-9877
出版受注センター／0424-39-7077（電話）　0424-39-7877（FAX）
印刷所／凸版印刷株式会社
Printed in Japan　© M.Seto 2004

あなたに感謝しております
We are grateful.

手づくりの大好きなあなたが、
この本をお選びくださいましてありがとうございます。
内容の方はいかがでしたか?
本書が少しでもお役に立てば、
こんなうれしいことはありません。
日本ヴォーグ社では、
手づくりを愛する方とのおつき合いを大切にし、
ご要望におこたえする商品、
サービスの実現を常に目標としています。
小社および出版物について、
何かお気づきの点やご意見がございましたら、
何なりとお申し出ください。
そういうあなたに、私共は常に感謝しております。

株式会社日本ヴォーグ社 社長　瀬戸信昭
FAX 03-3269-7874 voice@tezukuritown.com

この本に関するご質問をお受けします。
受付時間●午後1時〜5時（土曜日・日曜日・祭日を除く）
上記時間以外●留守番電話に接続しますので、
案内に従ってご用件を録音してください。
本のコード●6297
書名●エンジェルズ・ガーデン
編集担当●梅木
ご質問電話●TEL.03-5261-5083

○本書の複製権・翻訳権・上映権・譲渡権・公衆送信権（送信可能化権を含む）は株式会社日本ヴォーグ社が保有します。

JCLS ＜（株）日本著作出版権管理システム委託出版物＞
本書の無断複写は著作権法上での例外を除き禁じられています。複写される場合は、そのつど事前に（株）日本著作出版権管理システム（電話 03-3817-5670、FAX 03-3815-8199）の許諾を得てください。
万一、乱丁本、落丁本がありましたら、お取り替えいたします。

●表紙裏の『天使の回廊』キルトに使用した天使の図案は"RAKAM" 2002年12月号より、許可を得て製作されたものです。